Oded Schwartz

COCINA SANA
PARA PREVENIR LAS
ENFERMEDADES DEL
CORAZÓN

COCINA SANA
PARA PREVENIR LAS
ENFERMEDADES DEL
CORAZÓN

Oded Schwartz

FOTOGRAFÍAS *Ian O'Leary*

DECORACIÓN DE PLATOS *Jane Suthering*

CELESTE / RAÍCES

Título Original Healthy Heart Cookbook

Editor del Proyecto Nicola Graimes
Director de Arte Sue Storey
Editor Gerente Artístico Carole Ash
Diseño DTP Conrad van Dyk
Controlador de la Producción Joanna Bull

ISBN Celeste Ediciones 84-8211-288-0

ISBN Editorial Raíces 84-86115-46-9

Celeste Ediciones, S.A.
C/ Fernando VI, 8 1º. 28004 Madrid
Tel. 91 310 05 99 • Fax 91 310 04 59
E-mail: info@celesteediciones.com
www.celesteediciones.com

Editorial Raíces, S.A.
C/ Fernando VI, 8 1º. 28004 Madrid
Tel. 91 308 25 73 • Fax 91 310 04 59
E-mail: eraices@teleline.es

CONTENIDO

LA NUTRICIÓN Y EL CORAZÓN

Las causas de las enfermedades cardiovasculares y el modo de reducir los riesgos mediante una dieta y un estilo de vida saludables.

RECETAS

Una apetitosa colección de más de 100 recetas fáciles, con bajo contenido de grasas, cada una con su correspondiente análisis nutricional que detalla el contenido de grasas y de colesterol

PRÓLOGO

Si ha comprado este libro, es muy probable que conozca a alguna persona que ha sufrido una enfermedad coronaria, o acaso la ha padecido usted mismo. Las enfermedades cardiovasculares encabezan la lista de las causas de muerte en el mundo occidental, y el número de mujeres que padecen angina de pecho y sufren paros cardíacos aumenta en forma alarmante. Los pacientes cardíacos reciben estrictas instrucciones de médicos y cardiólogos acerca de los males provocados por el tabaquismo, la presión sanguínea alta, la falta de ejercicio físico y el estrés, y la necesidad de seguir una dieta saludable y de mantener el peso adecuado.

La falta de consejos sobre una dieta adecuada se debe, en parte, a la ignorancia de los médicos acerca de lo que constituye exactamente una dieta saludable, y en parte a la información confusa publicada en algunos diarios y revistas, en los que se exaltan las virtudes medicinales de ciertos minerales mágicos o de las magníficas verduras, a menudo con pocas o ninguna prueba que avale tales afirmaciones caprichosas.

Aunque la medicina moderna puede mejorar tanto la calidad como la duración de la vida, seguir una dieta saludable, junto con otros aspectos relacionados con el estilo de vivir, es una de las formas más simples de ayudar a retardar el desarrollo de enfermedades cardiovasculares. En este libro, Oded Schwartz demuestra que la "dieta saludable" estereotipada y desalentadora pertenece al pasado. La alimentación saludable y los buenos momentos no tienen que ser excluyentes, y Oded ayuda tanto a pacientes como a médicos al exponer sus razones al respecto.

La alimentación saludable no debería ser únicamente para aquellos que padecen de una enfermedad cardiovascular, o para aquellos susceptibles a contraer problemas cardíacos. Debemos educar a nuestros hijos en relación con las formas de seguir una alimentación saludable. Por lo tanto, si sus hijos lo fastidian para que les compre una hamburguesa triple con queso seguida de una poción doble de torta de queso con chispas de chocolate, no ceda y prepáreles las recetas de Oded.

Duncan Dymond

DR. DUNCAN DYMOND MD, FRCP, FACC, FESC
CARDIÓLOGO ASESOR, ST. BARTHOLOMEWS HOSPITAL, THE HEART HOSPITAL, LONDRES.

Introducción

Tener un problema cardíaco no significa renunciar a la comida que nos agrada. Como lo probarán las recetas de este libro, cocinar platos frescos, con bajo contenido de grasas y sal, puede ser tan fácil y creativo como preparar cualquier otro tipo de alimentos.

A menudo, lo único que se requiere es pensar un poco más, planificar con tiempo y contar con la suficiente paciencia como para acostumbrar el paladar a disfrutar de una amplia gama de alimentos que proporcionan nuevos sabores y texturas, diferentes y tentadores. En lugar de limitar lo que puede comerse, las siguientes recetas permiten ampliar las opciones y estimulan el uso de muchos otros ingredientes.

Para algunos, las recetas ofrecerán un cambio radical en sus hábitos alimenticios. Se cuidó de que cuenten con un bajo contenido tanto de sal como de grasas, y se empleó una gran cantidad de hierbas frescas, especias, zumo de limón, vinagre y mostaza, con el fin de dar sabor y textura.

En respuesta a la demanda y al interés en platos modernos y combinados, las recetas se inspiran en las diversas tradiciones culinarias del Mediterráneo, del Medio Oriente, de la India y del sudeste asiático; regiones que han producido algunos de los alimentos más saludables del mundo.

ODED SCHWARTZ

Información nutricional

Las recetas de este libro están acompañadas de un análisis nutricional detallado de calorías, hidratos de carbono, proteínas, grasas, fibra, colesterol y sodio. Las cifras están basadas en la información proporcionada por las tablas de composición de los alimentos, con datos adicionales acerca de los productos elaborados. Los ingredientes que se describen como "opcionales" no están incluidos en el análisis nutricional. Para mayor información, remítase a la página 128.

La Nutrición y el Corazón

Este capítulo contiene *consejos útiles* que permiten disfrutar de una dieta nutritiva y de un *estilo de vida saludable,* factores importantes para limitar el riesgo de enfermedades cardiovasculares. Será más simple lograr el *equilibrio justo* para la buena salud con las pautas para la *planificación de las comidas,* con las fotografías y con el paso a paso de las técnicas de cocina.

LAS ENFERMEDADES CARDIOVASCULARES

EN LOS ÚLTIMOS 20 AÑOS, LA PREVENCIÓN DE LAS ENFERMEDADES CARDÍACAS SE HA CONVERTIDO EN UNA PRIORIDAD DENTRO DE LA MEDICINA. UNA MEJOR NUTRICIÓN Y LOS ADELANTOS EN EL TRATAMIENTO MÉDICO HAN REDUCIDO EL NÚMERO DE MUERTES. A PESAR DE ESTO, LOS TRASTORNOS CARDÍACOS CONTINÚAN SIENDO LA CAUSA DE MUERTE MÁS COMÚN EN EL MUNDO DESARROLLADO.

RIESGOS RELACIONADOS CON LAS ENFERMEDADES CARDÍACAS

Los factores de riesgo ligados a esta patología pueden dividirse en dos grupos diferentes: factores no modificables, que están predeterminados en gran medida; y factores modificables, aquellos que pueden ser modificados directamente a través del estilo de vida.

Factores no modificables
○ Edad: la probabilidad de contraer enfermedades cardíacas aumenta con la edad.
○ Sexo: la incidencia de estos trastornos es mayor en los hombres que en las mujeres.
○ Herencia: el riesgo de un ataque al corazón es mayor si existe una historia familiar de enfermedades cardíacas.

Factores modificables
○ Hipercolesterolemia.
○ Tabaquismo.
○ Presión sanguínea alta.
○ Diabetes.
○ Nutrición, especialmente la ingesta de grasas.
○ Obesidad y un estilo de vida sedentario.
○ Alto consumo de sal.
○ Altos niveles de consumo de alcohol.

¿Qué es una enfermedad cardíaca?

Son las condiciones que afectan el corazón o el sistema circulatorio, que interfieren con el flujo sanguíneo o en la acción del sistema cardiovascular.

● **Los trastornos cardíacos coronarios** se producen cuando las arterias se van "tapando" con una sustancia grasa llamada ateroma. Este "taponamiento" de las arterias, conocido como arterosclerosis, produce un angostamiento de la pared arterial, lo que reduce el flujo sanguíneo al corazón.

● **Los derrames o infartos cerebrales** son provocados por la formación de un coágulo en los vasos sanguíneos del cerebro o en los que llegan al cerebro, o por una hemorragia en el mismo.

● **La angina** aparece cuando el corazón no recibe suficiente sangre oxigenada debido al estrechamiento parcial de las arterias coronarias, y se caracteriza por tensión o pesadez en medio del pecho. Por lo general, se desencadena a causa del ejercicio o del estrés.

● **Un ataque cardíaco** (también denominado infarto de miocardio o paro cardíaco) se presenta cuando las arterias coronarias se bloquean por completo, ya sea mediante el proceso de "taponamiento" descrito con anterioridad, o por un coágulo (también conocido como trombosis coronaria).

¿Quiénes poseen mayores riesgos?

Se conocen muchos factores que aumentan el riesgo de contraer una enfermedad coronaria, algunos pueden modificarse en forma directa (véase la página opuesta), mientras que otros están predeterminados. Por ejemplo, la incidencia de los trastornos cardíacos aumenta con la edad y es más común entre los hombres que entre las mujeres. En general, estas últimas tienen menos probabilidades de contraer una enfermedad cardíaca hasta después de la menopausia, cuando los niveles de estrógenos en su cuerpo disminuyen. La herencia también afecta la propensión a los trastornos cardíacos, en especial si un miembro de la familia ha sufrido un ataque al corazón antes de los 55 años de edad.

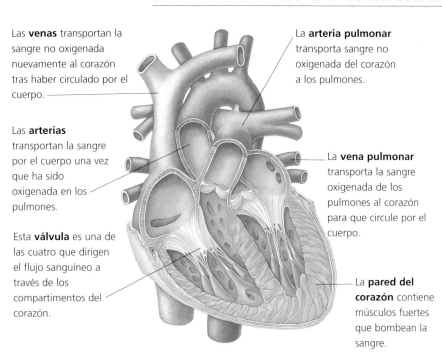

Las **venas** transportan la sangre no oxigenada nuevamente al corazón tras haber circulado por el cuerpo.

Las **arterias** transportan la sangre por el cuerpo una vez que ha sido oxigenada en los pulmones.

Esta **válvula** es una de las cuatro que dirigen el flujo sanguíneo a través de los compartimentos del corazón.

La **arteria pulmonar** transporta sangre no oxigenada del corazón a los pulmones.

La **vena pulmonar** transporta la sangre oxigenada de los pulmones al corazón para que circule por el cuerpo.

La **pared del corazón** contiene músculos fuertes que bombean la sangre.

CÓMO FUNCIONA EL CORAZÓN

El corazón es un músculo poderoso que funciona como dos bombas coordinadas. Una envía sangre a los pulmones para recoger oxígeno, y la otra bombea sangre oxigenada al cuerpo. En el corazón hay dos compartimentos y cuatro válvulas que controlan el flujo sanguíneo a través de estas divisiones. La causa más frecuente de los problemas es un desorden en el bombeo del corazón o el "taponamiento" de las arterias que suministran sangre oxigenada al mismo.

Cómo reducir los riesgos

La dieta y el estilo de vida pueden influir en la propensión a contraer una enfermedad cardíaca. Estas pautas pueden ayudar a reducir los riesgos.

● **Se cree que el colesterol alto** es la causa principal de los trastornos coronarios y puede ser hereditario o promovido por la dieta. Existen dos tipos de colesterol: lipoproteína de baja densidad (LDL, llamado colesterol "malo") y lipoproteína de alta densidad (HDL, colesterol "bueno"), que en realidad contribuye a la eliminación del colesterol del cuerpo. Un exceso de LDL en la sangre es un factor fundamental en el "taponamiento" de las arterias, y puede controlarse reduciendo la ingesta de grasas en la dieta (véase página 16). La medicación también puede reducir los niveles de colesterol.

● **El tabaquismo** aumenta el riesgo de contraer una enfermedad coronaria y el hecho de continuar fumando después de un ataque al corazón duplica el riesgo.

● **La presión sanguínea alta** (o hipertensión) tiende a ser hereditaria y es común entre aquellos con exceso de peso. El control de la presión sanguínea alta es importante para reducir el riesgo de sufrir ataques al corazón. A menudo, se emplea una combinación de dieta y medicación para disminuir la alta presión sanguínea.

● **El ejercicio** puede ayudar a reducir en forma efectiva el riesgo de padecer una enfermedad de este tipo estimulando la circulación sanguínea y ayudando a controlar el peso. Es preciso tratar de llevar una vida activa: caminatas rápidas, natación y ciclismo son ejemplos de ejercicios aeróbicos que ayudan a reducir la probabilidad de contraer enfermedades cardíacas. Es importante intentar hacer ejercicio en forma regular, al menos 20 minutos por día, tres veces por semana. El ejercicio regular, posterior a un ataque al corazón o una operación cardiovascular, reduce el riesgo de otro ataque.

● **La diabetes** incrementa la probabilidad de padecer trastornos coronarios. Los chequeos médicos regulares y una dieta nutritiva y equilibrada resultan esenciales.

● **Una dieta pobre** aumenta el riesgo de contraer una enfermedad cardíaca (véanse páginas 12-13). Un gran consumo de grasas, sal y alcohol, por ejemplo, así como también la obesidad, aumentan el riesgo de sufrir problemas cardíacos

ENFERMEDADES CARDÍACAS Y DIETA

EXISTEN PRUEBAS DE LA EXISTENCIA DE UNA RELACIÓN ENTRE LOS ALIMENTOS Y EL RIESGO DE CONTRAER UNA ENFERMEDAD CARDÍACA. ALGUNOS ALIMENTOS PARECEN TENER CUALIDADES DE PROTECCIÓN MIENTRAS QUE OTROS POSEEN UN EFECTO PERJUDICIAL. EL CONTROL DEL PESO ES TAMBIÉN UN FACTOR SIGNIFICATIVO PARA LIMITAR EL RIESGO DE PADECER UN TRASTORNO CARDÍACO.

CONSUMO DIARIO RECOMENDADO DE CALORÍAS Y GRASAS

Las siguientes cifras muestran el consumo diario recomendado de calorías y grasas para aquellos más propensos a padecer una enfermedad cardíaca. Resultan útiles para planificar la dieta, al leer las etiquetas de los alimentos, así como también para controlar el peso corporal.

Consumo recomendado para los hombres

○ 2.500 calorías por día
○ 80 g de grasas por día, de los cuales no más de 25 g deberían ser grasas saturadas. (Aquellos con un riesgo medio de sufrir una enfermedad cardíaca pueden ingerir hasta 95 g de grasas por día, con no más de 30 g de grasas saturadas).

Consumos recomendados para las mujeres

○ 2.000 calorías por día
○ 65 g de grasas por día, de las cuales no más de 20 g deben ser grasas saturadas. (Aquellas con un riesgo medio de enfermedad cardíaca pueden ingerir hasta 70 g de grasas por día, con no más de 20 g de grasas saturadas.)

Alimentos beneficiosos

Numerosos estudios han descubierto que ciertos alimentos pueden producir un efecto positivo sobre el corazón, los que deben constituir la base de una dieta saludable.

● **Las frutas y las verduras** son excelentes fuentes de vitaminas, minerales y otros antioxidantes (ver página 17). Reducen el riesgo de contraer este tipo de patologías mediante el fortalecimiento del sistema inmunológico. También pueden ayudar a impedir el "taponamiento" de las arterias que van hacia el corazón. Proporcionan fibras solubles y ácido fólico. Se ha descubierto que altos niveles del aminoácido homocisteína en sangre aumentan el riesgo de contraer una enfermedad cardíaca, y en la actualidad se llevan a cabo investigaciones para establecer si el ingerir mayor cantidad de alimentos con ácido fólico puede ayudar a reducir el riesgo.

● **Los pescados grasos** como el arenque, el salmón, la caballa y las sardinas son una buena fuente de ácidos grasos omega-3, que se ha demostrado reducen la probabilidad de que se formen coágulos y bajan los niveles de colesterol en sangre.

● **La harina de avena, las alubias (porotos), las lentejas y las nueces** son una buena fuente de fibra soluble, que pueden ayudar a bajar los niveles de colesterol en sangre (ver página 17).

Alimentos no beneficiosos

Es importante reducir este tipo de alimentos en la dieta, ya que pueden aumentar el riesgo de enfermedades cardíacas.

● **Las grasas**, en particular las grasas saturadas (ver página 16), están relacionadas con los altos niveles de colesterol en sangre y con la obesidad.

● **La sal** puede producir un aumento en la presión sanguínea y debería ingerirse solo con moderación (ver página 17).

Distribución del peso

Los estudios han demostrado que la distribución de la grasa corporal en las personas con sobrepeso parece influir en el riesgo de padecer una enfermedad cardíaca.

- Las personas cuyo cuerpo "tiene forma de manzana" poseen un exceso de grasas en la zona de la cintura, lo cual incrementa la presión del corazón. Es este diseño de distribución del peso el que se asocia más comúnmente con los trastornos cardíacos, los elevados niveles de colesterol en sangre y la diabetes.

- Las personas cuyo cuerpo "tiene forma de pera" poseen un exceso de grasa en las caderas, las nalgas y los muslos, y presentan un riesgo menor de contraer este tipo de enfermedades que aquellas de cuerpo con forma de manzana.

Control de peso

El sobrepeso produce un incremento tanto de los niveles de colesterol en sangre como de la presión sanguínea. El control del peso es un factor importante en el cuidado de la salud del corazón: perder incluso una cantidad pequeña de sobrepeso puede ayudar, al reducir los niveles de colesterol y presión sanguínea. Se sugiere utilizar el gráfico que figura a continuación para evaluar el peso. Si indica que es necesario perder peso, es importante fijar metas realistas e intentar bajarlo en forma gradual. Las dietas para bajar de peso son más efectivas cuando se combinan con una actividad regular.

INDICACIONES PARA BAJAR DE PESO

Aquellos que deseen bajar de peso deben reducir el consumo tanto de calorías como de grasas. Una persona no muy activa debe tomar la cifra menor, y aquella que puede aumentar el nivel de actividad, debe tomar la mayor.

Dieta para perder peso para los hombres
- ○ 1.500-1.800 calorías por día.
- ○ 50 g-60 g de grasas, de las cuales no más de 15 g-20 g deben ser grasas saturadas.

Dieta para perder peso para las mujeres
- ○ 1.200-1.500 calorías por día.
- ○ 40 g-50 g de grasas, de las cuales no más del 12 g-15 g deben ser grasas saturadas.

GRÁFICO DE ÍNDICES DE MASA CORPORAL
Para evaluar el peso, tomar una línea recta horizontal a partir de la altura (sin calzado) y una línea vertical a partir del peso (sin ropas). Colocar una marca en la intersección de ambas.

REFERENCIAS

Por debajo del peso normal Es necesario comer más, pero hay que seleccionar alimentos nutritivos. Si se encuentra muy por debajo del peso normal, es necesario consultar a un médico.

Con peso normal Se ingieren las cantidades adecuadas para mantener el peso en un nivel aconsejable, pero hay que asegurarse de que sea saludable.

Con sobrepeso Resultaría beneficioso para la salud perder algo de peso.

Obeso Es importante bajar de peso, ya que la salud puede correr riesgos si se conserva el peso actual.

Muy obeso Contar con tal exceso de peso podría constituir un riesgo serio para la salud. Se recomienda consultar a un médico o a un dietista.

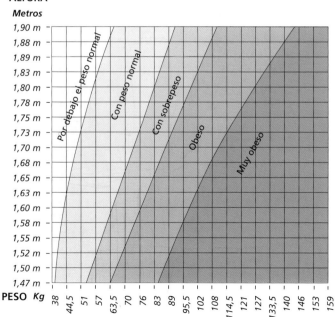

ALTURA

Metros

1,90 m — 1,88 m — 1,89 m — 1,83 m — 1,80 m — 1,78 m — 1,75 m — 1,73 m — 1,70 m — 1,68 m — 1,65 m — 1,63 m — 1,60 m — 1,58 m — 1,55 m — 1,52 m — 1,50 m — 1,47 m

Por debajo el peso normal — Con peso normal — Con sobrepeso — Obeso — Muy obeso

PESO *Kg*
38 — 44,5 — 51 — 57 — 63,5 — 70 — 76 — 83 — 89 — 95,5 — 102 — 108 — 114,5 — 121 — 127 — 133,5 — 140 — 146 — 153 — 159

EL EQUILIBRIO ADECUADO

EL CÁLCULO DE LAS NECESIDADES DIETÉTICAS PARA UNA BUENA SALUD RESULTA SIMPLE AL SABER CUÁNTO DEBE INGERIRSE DE CADA GRUPO DE ALIMENTOS EN FORMA DIARIA. ES IMPORTANTE CONTAR CON UNA DIETA VARIADA, YA QUE NINGÚN GRUPO PUEDE SATISFACER POR SÍ SOLO TODAS LAS NECESIDADES NUTRICIONALES. SELECCIONAR ALIMENTOS DE LOS CUATRO GRUPOS PRINCIPALES.

Frutas y verduras

Ingerir una amplia variedad de frutas y verduras, en cantidades considerables. Las verduras verdes de hoja y las verduras y frutas rojas, naranjas y amarillas son especialmente beneficiosas.

Alimentos con almidón

Ingerir alimentos con almidón en grandes cantidades. Entre estos se encuentran pan, patatas (papas), pastas, cereales y granos tales como arroz, avena, cebada y *cous-cous*.

Carnes, pescados y alternativas proteicas

Consumir cantidades moderadas de este grupo, que incluye carnes magras, pescados, aves de corral, huevos, legumbres, mariscos, frutos secos y semillas.

Alimentos con alto contenido de grasas y dulces

Deberían ingerirse pequeñas cantidades de estos alimentos.

Productos lácteos

Disfrutar de los lácteos en cantidades moderadas. Seleccionar las variantes bajas en grasas, tales como leche descremada (desnatada) y semidescremada (semidesnatada), y yogur y queso con bajo contenido graso.

- **Alimentos con almidón** Al menos un tercio de lo que comemos debería estar compuesto por patatas (papas), pan, arroz, pastas y cereales especiales para desayuno. Deberían constituir la base de una dieta equilibrada y es importante ingerir al menos tres porciones diarias de un cantidad considerable. Una porción equivale a una patata grande con cáscara, un bol de arroz o dos rodajas de pan. Los alimentos con almidón naturalmente tienen pocas grasas, y por lo general son una buena fuente de proteínas así como de vitaminas B, minerales y fibra dietética. Evitar agregar una gran cantidad de grasas durante su preparación. En la actualidad, algunos cereales poseen ácido fólico agregado, que se cree que reduce el riesgo de contraer enfermedades cardíacas.

- **Frutas y verduras** Ingerir al menos cinco porciones por día. Las frutas y verduras frescas, congeladas, enlatadas y secas son todas buenas fuentes de ácido fólico y de potasio, que ayuda a controlar la presión sanguínea. Las frutas y verduras también proporcionan vitaminas, minerales, fibras y compuestos antioxidantes (ver página 12), que ayudan a prevenir este tipo de trastornos. Cada porción debería pesar alrededor de 75 g, de manera que el consumo diario supere los 400 g. Los siguientes equivalen a una porción: dos cucharadas de verduras; una manzana, un durazno (melocotón), una pera, una naranja o un plátano (banana); dos ciruelas, damascos (albaricoques) o mandarinas; un bol de postre de ensalada o de ensalada de frutas (frescas, cocidas o enlatadas); una cucharada de frutos secos; y un vaso de zumo de frutas.

- **Productos lácteos** Se recomienda ingerir tres porciones por día. Los lácteos son una buena fuente de proteínas, vitaminas y minerales, en especial de calcio, esencial para huesos y dientes sanos. Es importante optar por lácteos con bajo contenido de grasas, ya que el contenido de grasas totales y saturadas (ver página 16) de los lácteos enteros puede ser muy alto. Los siguientes equivalen a una porción: 200 ml de leche descremada (desnatada) o parcialmente descremada; un yogur pequeño con bajo contenido de grasas; y 30 g de queso duro semigraso o bajo en grasas (máximo de 175 g por semana).

- **Carnes, pescados y alternativas proteicas** Se recomiendan dos porciones por día. Las aves de corral, lentejas, alubias (porotos), nueces y huevos proveen proteínas y minerales, tales como hierro y zinc. Debe intentarse consumir dos tipos diferentes de estos alimentos por día, pero limitar el consumo de carnes rojas (carne magra de vacuno, de cerdo y de cordero) a tres a cuatro porciones por semana, y los huevos, a tres por semana. Trátese de incluirlos en platos con bajo contenido graso.

- **Alimentos con alto contenido de grasas y azúcares** Evitar alimentos con alto contenido de grasas y azúcares, incluyendo, pasteles, tortas, masas, patatas (papas) fritas, chocolates, helados, sopas y cremas, y los dulces, en la medida de lo posible. Estos alimentos poseen poco valor nutricional y pueden contribuir fácilmente a subir de peso. Elegir alimentos con almidón o frutas y verduras como complementos alternativos y aperitivos.

INGESTA DE LÍQUIDOS

Es importante asegurarse de beber al menos ocho vasos o tazas de líquido por día.

- Lo ideal es beber agua.
- Los zumos de frutas, las frutas y las infusiones de hierbas y el té son todas alternativas factibles del agua.
- La ingesta de café debería limitarse a café descafeinado.

ALCOHOL

No es necesario excluir totalmente el alcohol de una dieta para enfermos coronarios, a menos que el médico lo haya aconsejado. Sin embargo, debería beberse con moderación, ya que el consumo excesivo puede producir un aumento en la presión sanguínea. Las mujeres pueden beber alrededor de dos o tres unidades de alcohol por día, y hasta catorce por semana. Los hombres pueden consumir entre tres y cuatro unidades por día y hasta veintiuna por semana.

Una unidad de alcohol equivale a
- 250 ml de cerveza
- 1 vaso pequeño de vino
- 1 medida de licor (25 ml)

DATOS ACERCA DE LOS ALIMENTOS

LOS HÁBITOS ALIMENTICIOS SON UN FACTOR IMPORTANTE. LA DIETA NECESARIA PARA TENER UN CORAZÓN SALUDABLE DEBERÍA CONTENER UNA MODESTA CANTIDAD DE GRASAS CON BASTANTES ALIMENTOS CON ALMIDÓN, ASÍ COMO FRUTAS Y VEGETALES. TAMBIÉN, MODIFICAR EL CONSUMO DE SAL Y ASEGURAR EL CONSUMO DIARIO DE FIBRAS Y NUTRIENTES ANTIOXIDANTES.

FUENTES DE GRASAS

Las principales fuentes de grasas de los cuatro tipos son:

Grasas saturadas

❍ Comidas grasas, manteca, mantequilla, crema de leche (nata), queso duro y leche entera.
❍ Pastas y galletas.

Grasas monoinsaturadas

❍ Aceites de oliva, semilla de colza y maní (cacahuete).
❍ Aguacate (palta).
❍ La mayoría de los frutos secos.
❍ Pescados, pollo y animales de caza.

Grasas poliinsaturadas

❍ Ácidos grasos omega-3: pescados grasos; hígado; huevos; frutas secas; aceites de cártamo, linaza, soja y nuez; verduras verdes; semillas de soja; semillas de calabaza; y germen de trigo.
❍ Ácidos grasos omega-6: semillas de girasol y de sésamo; aceite de uva, de maíz, girasol, cártamo y soja; y margarinas.

Grasas hidrogenadas

❍ Margarinas hidrogenadas.
❍ Alimentos procesados.
❍ Galletas y pasteles.

Grasas

La regla dietética más importante para un corazón saludable es reducir la cantidad total de grasas consumidas. Esto significa disminuir los cuatro tipos principales de grasas (ver a la izquierda), en particular las grasas saturadas. Pueden reemplazárselas por pequeñas cantidades de grasas insaturadas, que pueden ser monoinsaturadas o poliinsaturadas.

● **Grasas saturadas** Se encuentran principalmente en las carnes y en los lácteos, así como también en algunos aceites vegetales y en grasas sólidas para cocinar como la manteca y el tocino. Se relaciona una dieta con alto contenido de grasas saturadas con elevados niveles de colesterol en sangre y con enfermedades cardíacas. Siempre es importante optar por pequeñas porciones de carnes magras y lácteos con bajo contenido de grasas, y evitar la ingesta de muchas comidas grasas, empanadas, salchichas, patés, aves de corral con piel, patatas (papas) fritas, chocolate y lácteos enteros.

● **Grasas monoinsaturadas** El aceite de oliva, el aceite de semilla de colza y el aceite de sésamo son ricos en grasas monoinsaturadas. Las dietas con alto contenido de grasas monoinsaturadas parecen provocar un aumento en la sangre de los niveles de colesterol "bueno", que puede prevenir los trastornos cardíacos. Deben emplearse con moderación, dentro del consumo de grasas diario recomendado (ver página 12). Los aceites y los alimentos ricos en grasas monoinsaturadas se prefieren a aquellos ricos en grasas poliinsaturadas y saturadas.

● **Grasas poliinsaturadas** Existen dos familias de poliinsaturadas: ácidos grasos omega-3 y ácidos grasos omega-6, que se encuentran en aceites vegetales tales como el de girasol, el de maíz, el de cártamo, el aceite de maní (cacahuete) y el de soja, y en el aceite de pescado. Son necesarios para el crecimiento, la estructura de las células, un sistema inmunológico saludable y para la regulación sanguínea. Cuando se ingieren como parte de una dieta baja en grasas, pueden ayudar a reducir los niveles de colesterol.

● **Grasas hidrogenadas** También conocidas como ácidos grasos *trans* y se encuentran en algunas grasas para cocinar, margarinas, pastas y comidas preparadas. Actúan como grasas saturadas provocando un aumento en los niveles de colesterol en sangre, y deben evitarse cuando fuera posible. Es aconsejable leer con atención la lista de ingredientes en las etiquetas de los alimentos para asegurarse de que no contienen grasas hidrogenadas.

Colesterol

La mayor parte del colesterol en sangre se elabora en el cuerpo, que lo necesita para varias funciones. Se ha descubierto que algunas fuentes de colesterol en la dieta ejercen poca influencia sobre los niveles de colesterol en sangre. Sin embargo, es aconsejable restringir la ingesta de yemas de huevos, huevas de pescados y casquería. Se ha demostrado que al reducir la ingesta de grasas y reemplazar las saturadas por insaturadas, ayuda a reducir los niveles de colesterol.

Sal

Por lo general se relaciona el alto consumo de sal con los trastornos coronarios, la presión sanguínea alta y los infartos. En consecuencia, es importante restringirlo en la dieta de cardíacos. Alrededor de las tres cuartas partes de la sal en una dieta occidental promedio proviene de alimentos procesados; el resto, de sal agregada durante la cocción y en la mesa. Reducir el consumo de alimentos como las comidas preparadas, los aperitivos salados y el pescado y la carne ahumada (ver a la derecha). También es posible habituar al paladar a preferir menor cantidad de sal.

Fibras

Hay dos tipos de fibra: la soluble y la insoluble. La fibra soluble se encuentra principalmente en verduras, frutas, alubias (porotos), avena y lentejas, y puede contribuir a reducir los niveles de colesterol en sangre. Algunos alimentos, como el pan y los cereales especiales para desayuno, también poseen fibra soluble agregada. La fibra insoluble ayuda a prevenir la constipación. Se encuentra en las semillas y en el salvado.

Antioxidantes

Estas sustancias ayudan a neutralizar los radicales libres que, se considera, causan el daño inicial en las arterias y producen un trastorno cardíaco. Los radicales libres son capaces de formar el "taponamiento" de las arterias. La ingesta regular de antioxidantes ayuda a prevenir las enfermedades cardíacas. Entre los antioxidantes se encuentran las vitaminas A (como el betacaroteno), C y E, y los minerales como cobre, selenio, zinc y manganeso. Los flavonoides y otros compuestos también poseen propiedades antioxidantes, y constituyen parte importante de una dieta.

Azúcares

Aunque el azúcar y los dulces no actúan sobre los niveles de colesterol, pueden contener gran cantidad de grasas y calorías y deberían evitarse, en especial cuando se desea perder peso.

CONSEJOS PARA INGERIR POCAS GRASAS

○ Evitar los alimentos fritos, las cremas y salsas cremosas, los aperitivos con alto contenido graso, las masas y los pasteles.

○ Cocinar los alimentos a la parrilla, asarlos, hornearlos, cocerlos al vapor o en horno de microondas, con poca grasa insaturada.

○ Cocer al vapor o hervir las verduras y no colmarlas de mantequilla ni de margarina tras la cocción.

○ Usar pequeñas cantidades de alimentos untables y aderezos para ensaladas con bajo contenido calórico, a base de grasas insaturadas.

CONSEJOS PARA INGERIR POCA SAL

○ No añadir más sal en la mesa y emplear cantidades pequeñas en la cocción.

○ Sazonar los alimentos con pimienta, especias, hierbas frescas o secas, zumo de limón, vinagre o mostaza, en lugar de sal.

○ Comer, como máximo, un alimento con alto contenido en sal por día. Entre los cuales se encuentran: comidas preparadas, carnes o pescados ahumados o salados; quesos de cáscara dura; sopas enlatadas y envasadas; caldo y levadura o extracto de carne; salsa de soja; aperitivos salados tales como patatas (papas) fritas o bizcochos salados; y alimentos en vinagre, incluyendo las aceitunas en salmuera y los pepinos y pepinillos en vinagre.

COMPRAR Y COCINAR ALIMENTOS

ACTUALMENTE SE CONSIGUE UNA VASTA GAMA DE ALIMENTOS ELABORADOS QUE PUEDEN INCLUIRSE EN UNA DIETA SANA Y EQUILIBRADA. LA LISTA DE INGREDIENTES DE UNA ETIQUETA ES FÁCIL DE COMPRENDER, DADO QUE SE ENCUENTRA ORDENADA POR PESO, DE FORMA QUE EL INGREDIENTE PRINCIPAL ESTÁ EN EL PRIMER LUGAR EN LA LISTA. LAS ETIQUETAS DE INFORMACIÓN NUTRICIONAL SON MÁS COMPLEJAS.

Qué nos dicen las etiquetas

Al leer las etiquetas, debe considerarse la forma en que el alimento puede ajustarse a la dieta. Algunos parecen contar con un alto contenido de grasas, azúcares, sal o calorías, pero si se ingieren en cantidades pequeñas o en forma ocasional, pueden incluirse en una dieta equilibrada.

Los alimentos que se comen en forma regular o en cantidades importantes tienen un mayor efecto sobre el equilibrio de la dieta; al comprarlos, vale la pena buscar las marcas que poseen bajo contenido de grasas, sal y azúcares. Como guía rápida para las compras, es importante elegir sopas y postres con menos de 5 g de grasas por porción y comidas preparadas con solo 10-15 g de grasas por porción.

INFORMACIÓN NUTRICIONAL EN LAS ETIQUETAS

Estos son los nutrientes que comúnmente se incluyen. Utilícese la columna del peso para comparar alimentos similares, y la columna que dice "por porción" para comparar diferentes tipos de alimentos.

Energía (kcals o kj) Representa la cantidad de energía, expresada en calorías o julios, que se obtienen de los alimentos.

Proteínas (g) Debido a que en general hay más que suficientes en la dieta, no es necesario prestar demasiada atención al contenido de proteínas (a menos que se siga una dieta especial con bajo contenido de proteínas).

Hidratos de carbono (g) En su mayoría son almidones y azúcares, que se dan como cifras diferenciadas o solo como total de hidratos de carbono. Seleccionar alimentos que presenten un mayor contenido de almidón que de azúcares.

Azúcares (g) Esta cifra es para todo tipo de azúcares. La tabla puede enumerar el contenido de hidratos de carbono seguido de "de las cuales son azúcares" o "azúcares añadidos". Esto se refiere al total de azúcares del producto, naturales o agregados.

Grasas (g) Representa la cantidad total de grasas en los alimentos, y a veces se divide en saturadas, monoinsaturadas y poliinsaturadas. Se recomienda elegir alimentos con bajo contenido de grasas, en particular grasas saturadas. Seleccionar aceites y alimentos untables ricos en grasas monoinsaturadas.

Información nutricional Valores típicos	Cantidad cada 100 g	Cantidad por porción (200 g)
Energía	212 kj/50 kcal	424 kj/100 kcal
Proteínas	1,9 g	3,8 g
Hidratos de carbono	10,1 g	20,1 g
(de los cuales son azúcares)	(1,7 g)	(3,3 g)
Grasas	0,2 g	0,4 g
(de las cuales son saturadas)	(indicios)	(indicios)
Fibras	0,6 g	1,3 g
Sodio	0,4 g	0,8 g

Sodio (g) La mayor parte del sodio de los alimentos proviene de la sal (cloruro de sodio). Es aconsejable no ingerir más de 2,4 g de sodio por día (equivalente a 6 g de sal).

Fibras (g) Esta cifra es la cantidad total de fibra que contiene el alimento; incluso los tipos soluble e insoluble. Deben ingerirse alrededor de 18 g de fibra por día.

OPCIONES SALUDABLES

Al comprar comidas preparadas o los ingredientes para preparar las comidas en casa, siempre hay que estar atento a las opciones saludables, es decir, con menor contenido de grasas que las versiones tradicionales. Las siguientes sugerencias pueden resultar útiles.

ALTO CONTENIDO DE GRASA	MENOR CONTENIDO DE GRASA
• Leche y lácteos enteros.	• Leche descremada (desnatada) o parcialmente descremada; yogur descremado y queso fresco.
• Quesos de cáscara dura.	• Cheddar, Brie o Edam semigrasos, blandos bajos en grasas.
• Mantequilla, margarina.	• Alimentos untables con poca cantidad de grasas saturadas.
• Pan de ajo y panes grasos tales como *foccacia*.	• Pan integral o panecillos; roscas de pan; pan de pita (ácimo); grisines y galletas de arroz.
• Pasteles; masas, roscas fritas.	• Galletas para el té; magdalenas.
• Patatas (papas) fritas; asadas aceitosas.	• Patatas (papas) con cáscara y hervidas.
• Paella y fideos secos.	• Arroz hervido o al vapor; fideos hervidos.
• Pastas con salsas cremosas.	• Pastas con salsas bajas en grasas, a base de verduras.
• Verduras fritas.	• Verduras asadas al horno, con un poco de aceite.
• Helados de crema (nata).	• Helados de agua (polos); yogures congelados; sorbetes.
• Carnes grasas y procesadas.	• Carnes frescas y magras (o carnes desgrasadas); jamón; carne asada fría; panceta magra.
• Sopas cremosas.	• Sopas de verduras bajas en grasa; sopas a base de caldo.
• Aderezos para ensalada; mayonesa.	• Aderezos libres de grasas, a base de yogur; vinagre balsámico; aderezos dietéticos con bajo contenido graso.
• Comidas preparadas con alto contenido graso.	• Comidas sin masa ni salsa de crema de leche (nata) o queso, que no tengan más de 10-15 g de grasa por porción.
• Comidas fritas.	• A la parrilla, al horno, al horno de microondas, al vapor y hervidas.
• Postres cremosos.	• Frutas; yogures dietéticos o con bajo contenido graso; *mousses*, budines de arroz y queso fresco (bajos en azúcares).
• Frutos secos tostados; aperitivos salados.	• Refrigerios sin sal; palomitas de maíz caseras (sin grasas ni sal).

COCCIÓN BAJA EN GRASAS

LAS SIGUIENTES TÉCNICAS MUESTRAN MANERAS SIMPLES DE MANTENER MÍNIMOS NIVELES DE GRASA AL COCINAR, SIN ALTERAR EL SABOR. ESTOS MÉTODOS REDUCEN O ELIMINAN LA NECESIDAD DE AGREGAR ACEITE O GRASAS, Y SON PREFERIBLES A LA FRITURA Y A LA COCCIÓN DE ALIMENTOS ASADOS, QUE PUEDEN INCREMENTAR LOS NIVELES DE GRASAS EN FORMA SIGNIFICATIVA.

FORMAS DE REDUCIR LA GRASA AL COCINAR

Existen muchos métodos rápidos y simples de preparar los alimentos que aseguran que los niveles de grasa sean mínimos al cocinar.

○ Debe retirarse la grasa visible de la carne y de la piel de las aves para reducir en forma significativa el contenido de grasas y de calorías.

○ Las verduras pueden cocinarse en una cantidad pequeña de agua en lugar de aceite. Tapar la cacerola para permitir que las verduras se cocinen en su propio vapor y humedad.

○ Los condimentos tales como las hierbas, el ajo, el vino y el limón o zumo de limón añaden sabor y humedad al pescado, a la carne o a las aves y reducen la necesidad de agregar aceite.

○ Una cacerola antiadherente de fondo doble ayuda a impedir que los alimentos se adhieran a la base y reducen la necesidad de usar aceite o grasa.

○ La carne, las aves o el pescado deben colocarse sobre una rejilla al asarlos o cocinarlos a la parrilla para permitir que la grasa de los alimentos se escurra.

A LA PLANCHA

De esta forma, el pescado, la carne y las aves de corral se doran y se rehogan en su propio jugo. Requiere una pequeña cantidad de aceite, grasa o nada. Es importante precalentar la plancha.

CHAMUSCADO

Este método es perfecto para que la carne, el pescado y las aves de corral se cocinen en su propio zumo y requiere de una pequeña cantidad o nada de aceite, o grasa extra. Es importante precalentar la sartén.

A LA PARRILLA

Dorar la parte exterior de los alimentos con rapidez, absorbiendo los zumos con un poco de aceite, o marinarlos primero para impedir que se resequen.

FRITURA CON POCO ACEITE

Se trata de un método de cocción rápido y saludable, y la sartén antiadherente ayuda a mantener los niveles de grasa al mínimo. Es importante preparar todos los ingredientes antes de comenzar a cocinar.

AHUMADO EN CALIENTE

Método de cocción rápido y totalmente libre de grasas. Se colocan sobre una rejilla pescado, carne o aves de corral apoyados sobre una cacerola antiadherente, y se cocinan sobre un colchón de hebras de té y condimentos, para darles un sabor ligero y ahumado.

COCCIÓN EN PAPEL

Esta técnica, también conocida como *papillote*, consiste en cocer los alimentos envueltos en un paquete. Esto permite retener los sabores, los zumos y los nutrientes, y elimina la necesidad de agregar aceite o grasas. Resulta adecuada para pescados, carnes, aves de corral, frutas y verduras.

SALTEADO

Los alimentos que se cocinan salteados o por exudación deben humedecerse con una pequeña cantidad de aceite. También puede emplearse una tapa para permitir que se cocinen en su propio zumo.

AL VAPOR

Es un método de cocción rápido y libre de grasas apropiado para verduras, aves de corral y pescado. Un control cuidadoso del tiempo es crucial para asegurarse de que los alimentos se cocinen bien.

La cocción en papel antiadherente mantiene la humedad de los alimentos. El "paquete" puede colocarse en una olla de presión u hornearse. Expuestos al calor los sabores se combinan.

A LA MARINADA

Las marinadas agregan sabor, ayudan a ablandar los alimentos y los mantienen húmedos sin necesidad de aceite adicional. Es un método para aves de corral, carnes, pescados y verduras.

ESCALFADO

Un método de cocción con bajo contenido en grasas para frutas, pescados, huevos y carne. Las frutas a menudo se escalfan en almíbar mientras que la carne, las aves de corral y los pescados, se cocinan en caldo.

La cocción en papel metalizado funciona igual que la cocción en papel, pero puede cocinarse a la parrilla.

Planificación de las comidas

LA BUENA PLANIFICACIÓN DE LAS COMIDAS ES UNO DE LOS FACTORES CLAVE PARA MANTENER EL CORAZÓN SANO. MEDIANTE UNA DIETA VARIADA, BASADA EN INGREDIENTES SALUDABLES, SE AYUDA A CONTROLAR EL PESO, EL COLESTEROL Y LAS GRASAS.

Comer saludable

Las siguientes pautas ayudan a planificar una dieta bien equilibrada y saludable, aun cuando se coma fuera de casa, y son un complemento de las comidas sugeridas que se mencionan a continuación:

- Disminuir la cantidad de grasas que se ingieren, en especial las saturadas.

- Basar comidas y aperitivos en alimentos con almidón, incluyendo pan, patatas (papas), arroz, pastas y cereales.

- En lo posible, comer al menos cinco porciones de frutas y verduras por día, incluyendo variedades frescas, congeladas, secas y enlatadas, así como también zumos de frutas. Optar por frutas enlatadas en zumo natural y evitar las verduras enlatadas en sal o salmuera.

- Comer pescado en forma regular, al menos tres porciones por semana. Una o más deben ser pescados grasos: atún, salmón, caballa, arenque o sardina.

- Elegir productos lácteos de bajo contenido graso tales como leche descremada (desnatada), yogur y queso con bajo contenido graso.

- Consumir poca cantidad de carne y aves de corral magras.

- Reducir el consumo de sal.

- Seleccionar alimentos ricos en fibras solubles, tales como avena, lentejas, maíz y alubias (porotos).

Comida vegetariana

Guiso de habas y alcaucil, (*pág. 84*) servido con arroz y brócoli al vapor.

Bananas al horno con vainilla (*pág. 107*)

Ensalada mediterránea de verduras a la plancha (*pág. 100*) servida con pan, arroz o pasta

Tarta de merengue de jengibre y durazno (*pág. 110*)

Risotto oriental con setas (*pág. 55*) servido con ensalada

Higos con salsa de yogur y miel (*pág. 106*)

Arriba *Ensalada mediterránea de verduras a la plancha*

ALMUERZO (BRUNCH) DEL DOMINGO

LICUADO DE FRUTAS (*pág 28*)

SALCHICHAS CON BAJO CONTENIDO DE
GRASA (*pág. 34*) servidas con tostadas de pan
integral, tomates y setas (hongos) a la parrilla

KEDGEREE DE PESCADO CON ESPECIAS
(*pág. 36*) servido con tomates a la parrilla

ENSALADA DE FRUTILLAS Y MANGO (*pág. 32*)

MUESLI DE DAMASCOS Y DÁTILES (*pág. 30*)

PASTELES DE ZANAHORIA Y CALABACINES
A LA PLANCHA (*pág. 35*)
servidos con tomates a la parrilla

DERECHA *Licuados de fruta*

COMIDA ENTRE SEMANA

BACALAO AL HORNO CON SALSA DE
TOMATE A LA PIMIENTA (*pág. 60*)
servido con patatas nuevas y hortalizas verdes

BUDÍN DE ARROZ AL CARAMELO (*pág. 115*)

POLLO ORIENTAL AL JENGIBRE (*pág. 74*)
servido con fideos y hortaliza verde

PERAS ESCALFADAS CON ESPECIAS (*pág. 107*)

HAMBURGUESAS DE VENADO (*pág. 80*)
servidas en bollitos de pan con
ENSALADA DE PATATAS Y CEBOLLAS
AL CARAMELO (*pág. 91*)

ENSALADA MIXTA DE MELÓN (*pág. 106*)

IZQUIERDA *Hamburguesa de venado*

Comer fuera de casa

No hay razón para evitar comer fuera de la casa si se tiene un problema cardíaco, pero sí debe tenerse cuidado al elegir los platos.

Al comer fuera de casa, deben evitarse los alimentos con alto contenido de grasas, incluso ensaladas con mucho aderezo, sopas, salsas (salsa holandesa y salsa blanca) y postres cremosos, alimentos fritos y rebozados, verduras fritas, masas, panes italianos aceitosos, pan de ajo y pan untado con una gruesa capa de mantequilla y quesos. En lugar de ellos, optar por platos con bajo contenido de grasas.

● **ENTRADA** Sopas a base de caldo tales como la de legumbres, pollo o verdura; ensaladas con el aderezo a un lado; frutas tales como melón, piña (ananá) o pomelo; maíz (sin mantequilla); o mariscos (sin aderezos pesados) tales como salmón ahumado, centolla, mejillones u ostras.

● **PLATO PRINCIPAL** Aves de corral a la parrilla o pescados con verduras y patatas (papas), arroz o pastas; pastas con salsa de tomate y ensalada; comida china o hindú con arroz hervido (evitar platos con carne frita y salsas aceitosas); brochetas de aves de corral; o pollo tandoori con arroz.

● **POSTRE** Macedonia de frutas frescas; sorbetes; merengue; yogur con bajo contenido graso; o frutas escalfadas.

Ideas para aperitivos

Muchos poseen alto contenido de grasas y pocos nutrientes. Para resistirse a la tentación, elegir una de las siguientes alternativas bajas en grasas y sal.

● Tostadas con untables con bajo contenido graso y mermelada de frutas.

● Algunos bizcochos simples (1 g de grasa por bizcocho)

● Frutas o yogures con bajo contenido de grasas.

● Tostadas o galletas de arroz con queso bajo en grasas.

● Palomitas de maíz o galletas sin sal.

● Helados de agua tipo polo o sorbetes.

CENA FORMAL

SOPA INVERNAL DE TOMATE (*pág. 40*)
servida con pan integral

LUBINA AL VAPOR (*pág. 68*) servido con
hortalizas verdes y fideos

MOUSSE DE FRUTAS FRESCAS Y YOGUR
(*pág. 105*)

SOPA DE CEREZAS (*pág. 38*) servida con pan

FILETE DE VENADO CON SALSA A LAS TRES
PIMIENTAS (*pág. 79*) servido con
ENSALADA DE AJO Y CALABACINES ASADOS
(*pág. 90*) y patatas nuevas

FRUTAS DEL BOSQUE CON *GNOCCHI* DE
POLENTA DULCE (*pág. 112*)

ARRIBA *Lubina al vapor*

ALMUERZOS LIGEROS

SOPA TAILANDESA DE PESCADO Y FIDEOS
(*pág. 44*) servida con una fruta

MI EMPAREDADO FAVORITO (*pág. 48*)
servido con ensalada

YOGUR HELADO DE PERA (*pág. 104*)

PILAF RÁPIDO DE TOMATES Y HIERBAS FRESCAS
(*pág. 51*) seguido por yogur natural con bajo
contenido de grasas aromatizado con una cucharada
de miel

PASTAS CON HIERBAS FRESCAS Y QUESO
COTTAGE (*pág. 58*) servidas con una fruta

ABAJO *Sopa tailandesa de pescado y fideos*

CENA BUFFET PARA DIEZ PERSONAS

BOCADILLOS DE VERDURAS FRESCAS (*pág. 50*)

POLLO TANDOORI (*pág. 73*)

SALMÓN AHUMADO CON TÉ (*pág. 71*)

ENSALADA ASADA DE GARBANZOS Y
PIMIENTA ROJA (*pág. 88*)

ENSALADA DE PATATAS Y CEBOLLAS AL
CARAMELO (*pág. 91*)

ENSALADA DE REMOLACHA CON SALSA DE
MIEL Y YOGUR (*pág. 93*)

ENSALADA DE ATÚN Y ALUBIAS (*pág. 94*)

ENSALADA AHUMADA DE BERENJENAS Y
TOMATE (*pág. 96*)

PAVLOVA DE FRUTAS DE LA PASIÓN (*pág. 108*)

ARRIBA *Pavlova de frutas de la pasión.*

Recetas

Las recetas de este capítulo ofrecen un *nuevo enfoque* de la alimentación saludable. Fueron *creadas* para preparar desayunos, sopas, comidas livianas, platos principales y postres deliciosos y *nutritivos.* Asimismo, introducen *ideas innovadoras* para aderezos de ensaladas, salsas y caldos que ayudarán a transformar platos comunes en comidas dignas de todo un *gourmet.*

✱ INGREDIENTE SALUDABLE

La papaya es una fruta rica en vitamina C y betacaroteno, dos antioxidantes que ayudan a prevenir el daño a las células y los trastornos cardíacos.

INFORMACIÓN NUTRICIONAL POR PORCIÓN:

- ○ Calorías 160
- ○ Proteínas 7 g
- ○ Hidratos de carbono 35 g
  Fibra 4 g
- ○ Total de grasas < 1 g
  Grasas saturadas < 1 g
  Grases poliinsaturadas < 1 g
  Grasas monoinsaturadas < 1 g
- ○ Colesterol 0 mg
- ○ Sodio 44 mg

CONSEJO PARA SERVIR

Beber los zumos y licuados inmediatamente después de su preparación, ya que su valor nutritivo disminuye con rapidez.

Preparación: 10 minutos
Porciones: 4

LICUADO DE PAPAYA Y BANANA

ESTA BEBIDA REFRESCANTE SIRVE PARA COMENZAR EL DÍA CON ENERGÍA. PARA INCREMENTAR AÚN MÁS SU CONTENIDO DE VITAMINAS Y MINERALES, AGREGAR AVENA U OTRO CEREAL SIMILAR AL MEZCLAR LAS FRUTAS.

2 papayas, peladas, sin semillas y refrigeradas
200 ml de yogur natural libre de grasas, refrigerado
3 bananas (plátanos)
zumo de 1 naranja
1-2 cucharadas de miel (opcional)
albahaca fresca u hojas de menta, para decorar (opcional)

Cortar una papaya en rodajas y reservarla para decorar. Colocar todos los ingredientes restantes, a excepción de las hojas de albahaca, en una licuadora y procesarlos hasta formar un puré suave. Servir decorado con las rodajas de papaya fresca reservadas y con las hojas de albahaca.

VARIANTES

Licuado de kiwi y fruta de la pasión Reemplazar la papaya por cuatro kiwis pelados y las pulpa de tres frutas de la pasión. Licuar un poco el kiwi con el yogur, las bananas (plátanos), el zumo de naranja y la miel, en caso de emplearla, luego incorporar la pulpa de las frutas de la pasión.

Licuado de frambuesa y pera Reemplazar la papaya y las bananas (plátanos) por 125 g de frambuesas y tres peras maduras, peladas y sin semillas. Reemplazar el zumo de naranja por el zumo de medio limón. Licuar estos ingredientes con el yogur y la miel, en caso de emplearla. Decorar con frambuesas y hojas de menta.

DESAYUNOS

Los desayunos, literalmente, interrumpen el ayuno de la noche y son importantes para recuperar energía y suministrar nutrientes. Estas recetas incluyen ideas rápidas para cada día y sugerencias para momentos gratos.

MACEDONIA DE FRUTAS SECAS

SE ACONSEJA PREPARAR ESTA ENSALADA CON ALTO CONTENIDO DE FIBRA LA NOCHE ANTERIOR. SERVIR CON UNA CUCHARADA DE YOGUR NATURAL DESCREMADO (DESNATADO) Y RODAJAS DE PAN INTEGRAL O CON GRANOS DE TRIGO MALTEADOS.

30 g de ananá (piña) seco, cortada en trozos del tamaño de un bocado
30 g de mango seco, cortado en trozos del tamaño de un bocado
30 g de cerezas o arándanos desecados y descorazonados
30 g de zumo de ananá (piña) sin endulzar
zumo de 1/2 limón y 1/2 cucharada de ralladura
1 o 2 cucharadas de miel o azúcar (opcional)

1 Colocar las frutas secas en un recipiente grande inoxidable.

2 Verter el zumo de ananá (piña), el zumo y la ralladura del limón, y la miel, en caso de utilizarla, en una cacerola pequeña, y calentar a fuego suave pero sin que levante el hervor. Volcar el líquido sobre las frutas. Dejar enfriar, tapar y refrigerar durante la noche.

INFORMACIÓN NUTRICIONAL POR PORCIÓN:

○ Calorías 100

○ Proteínas 1 g

○ Hidratos de carbono 24 g
Fibra 1 g

○ Total de grasas < 1 g
Grasas saturadas < 0,5 g
Grasas poliinsaturadas < 1 g
Grasas monoinsaturadas < 1 g

○ Colesterol 0 mg

○ Sodio 24 mg

Preparación: 5 minutos, más refrigeración durante la noche
Porciones: 4

MUESLI DE OREJONES Y DÁTILES

SE TRATA DE UNA COMBINACIÓN EQUILIBRADA Y ENERGIZANTE DE FRUTAS SECAS Y CEREALES CON ALTO CONTENIDO DE FIBRA.

150 g de avena gigante
150 g de copos de cebada
150 g de salvado de avena
150 g de copos de trigo
100 g de pasas de uva
100 g de orejones, picados
100 g de dátiles secos, picados

Mezclar los cereales y las frutas desecadas en un recipiente. Pasar la mezcla a un recipiente hermético y guardar hasta 2 semanas.

INFORMACIÓN NUTRICIONAL POR PORCIÓN:

○ Calorías 190

○ Proteínas 6 g

○ Hidratos de carbono 40 g
Fibra 5 g

○ Total de grasas 2 g
Grasas saturadas < 1 g
Grasas poliinsaturadas 1 g
Grasas monoinsaturadas < 1 g

○ Colesterol 0 mg

○ Sodio 20 mg

Preparación: 5 minutos
Porciones: 15

GACHA DE AVENA CON FRUTAS DE VERANO

LA AVENA DESEMPEÑA UN PAPEL IMPORTANTE EN LA DIETA PARA CARDÍACOS PORQUE SE CONSIDERA QUE BAJA LOS NIVELES DE COLESTEROL. ESPOLVOREAR CON COPOS DE CEREAL.

750 ml de leche descremada (desnatada) o agua
6 cucharadas de avena gigante
150 g de bayas, tales como frambuesas, frutillas (fresas) o arándanos

1 Llevar la leche al punto de ebullición. Esparcir la avena sobre la leche y revolver bien. Bajar el fuego y calentar, revolver con frecuencia durante 20-25 minutos hasta que resulte espesa y cremosa.

2 Añadir las bayas, reservar unas pocas para decorar y cocinar durante un minuto más. Decorar con las bayas reservadas.

GACHA DE AVENA CON MIJO

EL MIJO ES UNO DE LOS ALIMENTOS NATURALES CON MAYOR EQUILIBRIO NUTRICIONAL. ABUNDA EN VITAMINAS Y MINERALES, Y TAMBIÉN POSEE UN ALTO CONTENIDO DE FIBRAS.

500 ml de leche descremada (desnatada) o agua
2 cucharadas de extracto de malta
6 cucharadas de harina de mijo
2 o 3 cucharadas de miel (opcional)

1 Llevar a leche al punto de ebullición en una cacerola. Añadir el extracto de malta y revolver bien hasta que se disuelva. Espolvorear la harina de mijo y revolver.

2 Bajar el fuego y calentar. Revolver con frecuencia durante 20-25 minutos hasta que resulte espesa y cremosa. Si se desea, puede servirse rociada con miel.

INFORMACIÓN NUTRICIONAL
POR PORCIÓN:

○ Calorías 60

○ Proteínas 1 g

○ Hidratos de carbono 15 g
Fibra 2 g

○ Total de grasas < 0,5 g
Grasas saturadas 0 g
Grasas poliinsaturadas 0 g
Grasas monoinsaturadas 0 g

○ Colesterol 0 mg

○ Sodio 5 mg

Preparación: 5 minutos
Porciones: 4

ENSALADA DE FRUTILLAS Y MANGO

ESTE PLATO DULCE Y REFRESCANTE, ESPECIAL PARA EL VERANO, ES
IGUALMENTE DELICIOSO PREPARADO CON OTRAS FRUTAS FRESCAS DE
ESTACIÓN. SERVIR CON UNA CUCHARADA DE YOGUR NATURAL CON
BAJO CONTENIDO DE GRASAS Y CON REBANADAS DE PAN INTEGRAL.

Zumo de 1 naranja
Zumo de 1/2 limón
Miel o azúcar, a gusto (opcional)
1 mango grande, pelado, sin carozo y cortado en cubos
250 g de frutillas (fresas), sin cabo y cortadas en cuartos

Colocar el zumo de naranja, el zumo de limón y la miel, en caso de emplearla, en un recipiente. Añadir el mango y las frutillas (fresas) preparados e incorporarlos al líquido cítrico con un movimiento envolvente. Servir de inmediato.

ANANÁ A LA PLANCHA CON ESPECIAS

INFORMACIÓN NUTRICIONAL
POR PORCIÓN:

○ Calorías 110

○ Proteínas 1 g

○ Hidratos de carbono 18 g
Fibra 2 g

○ Total de grasas 4 g
Grasas saturadas 0 g
Grasas poliinsaturadas 1 g
Grasas monoinsaturadas 3 g

○ Colesterol 0 mg

○ Sodio 162 mg

Preparación: 15 minutos, más 2
horas para la marinada.
Porciones: 4

1 cucharada de salsa de soja baja en sal
1 cucharada de melaza o azúcar morena blanda
1/2 cucharada de anís estrellado
zumo de 1/2 limón
1 ananá (piña) pelado, sin el centro y cortado en aros de 2,5 cm
1 cucharada de aceite de uva o girasol

1 En un recipiente grande, mezclar la salsa de soja, la melaza, el anís y el zumo de limón. Añadir el ananá (piña) y, con cuidado, dar vuelta los aros en la marinada hasta que queden bien remojados. Dejar marinar durante al menos 2 horas.

2 Calentar una plancha ligeramente rociada con aceite. Cocinar el ananá (piña) durante 3-4 minutos de cada lado hasta que empiece a dorarse y oscurecerse. O bien, calentar previamente la parrilla al máximo, rociar el ananá (piña) con el aceite y cocinar a la parrilla durante 3-4 minutos de cada lado. Servir de inmediato.

SALCHICHAS PARA DESAYUNO CON BAJO CONTENIDO DE GRASAS

ESTAS DELICIOSAS SALCHICHAS VEGETARIANAS TAMBIÉN PUEDEN SERVIRSE COMO ENTRADA, ALMUERZO LIGERO O CENA. SERVIRLAS CON TOMATES A LA PARRILLA, SETAS (HONGOS) Y REBANADAS DE PAN INTEGRAL O TOSTADAS.

150 g de queso mozzarella semigraso, rallado grande
200 g de pan rallado fresco
30 g de tomates desecados al sol rehidratados en agua hirviendo durante 30 minutos y picados
4 cebollitas, de tallo verde, picadas
2 cucharadas de perejil fresco picado
2 cucharadas de albahaca fresca picada
2 cucharadas de zumo de limón, más 1/4 de cucharada de ralladura pimienta negra recién molida, al gusto
2 claras de huevo grande
2 cucharadas de agua o de leche descremada (desnatada)
75-100 g de pan rallado seco, para rebozar

1 Colocar en un recipiente la *mozzarella*, el pan rallado fresco, los tomates, las cebollitas, las hierbas y el zumo y la ralladura de limón. Condimentar, luego añadir la clara de un huevo y mezclar bien. Refrigerar la mezcla durante aproximadamente una hora.

2 Modelar la mezcla en forma de salchichas cortas. Batir la clara de huevo restante con el agua en un recipiente poco profundo. Sumergir cada salchicha en la mezcla de huevo, luego pasar por el pan rallado hasta rebozarlas bien.

3 Refrigerar las salchichas durante 1-2 horas, o hasta que se encuentren bastante firmes. Precalentar la parrilla al máximo. Cocer las salchichas a la parrilla durante 5-8 minutos. Darlas vuelta ocasionalmente hasta que se doren.

✳ INGREDIENTE SALUDABLE

Utilizar la albahaca en forma regular en la cocina para aumentar la cantidad de antioxidantes, vitamina C y betacaroteno, que se ingieren. La albahaca es un tónico y la vez un calmante para el sistema nervioso.

INFORMACIÓN NUTRICIONAL POR PORCIÓN:

○ Calorías 260

○ Proteínas 16 g

○ Hidratos de carbono 39 g
Fibra 3 g

○ Total de grasas 6 g
Grasas saturadas 3 g
Grasas poliinsaturadas 1 g
Grasas monoinsaturadas 2 g

○ Colesterol 11 mg

○ Sodio 421 mg

Preparación: 30 minutos, más una hora para enfriar y 1-2 horas de refrigeración.
Porciones: 4

PASTELES DE ZANAHORIA Y CALABACINES A LA PLANCHA

LAS PLANCHAS DE HIERRO SON IDEALES PARA LA COCCIÓN CON BAJO CONTENIDO GRASO. PARA ESTAS FRITURAS LIGERAS, SE PREFIERE UNA PLANCHA DE HIERRO FUNDIDO, DE FONDO DOBLE, UNA SUPERFICIE PLANA Y UNA SUPERFICIE SOBRE LA QUE NO SE ADHIERAN LOS ALIMENTOS.

2 zanahorias, finamente ralladas
4 calabacines (zucchini), finamente rallados
4 cebollitas, finamente picadas
3 cucharadas de perejil fresco, picado
1 cucharada de aceite de oliva, más una cantidad para aliñar
1 cucharada de semillas de alcaravea, ligeramente tostadas
en una sartén seca, y trituradas (opcional)
2 claras de huevo
3 o 4 cucharadas de pan rallado seco
sal y pimienta negra recién molida, a gusto

1 Colocar las zanahorias y los calabacines (*zucchini*) en un recipiente grande. Cubrir con agua hirviendo, revolver y dejar reposar durante 1-2 minutos hasta que se hayan ablandado un poco.

2 Colar las zanahorias y los calabacines (*zucchini*), dejarlos enfriar levemente, luego escurrir con una servilleta de cocina. Colocar las verduras nuevamente en el recipiente, luego añadir los ingredientes restantes y mezclar bien. Tapar y luego refrigerar durante 20-30 minutos para permitir que la mezcla se asiente.

3 Calentar una plancha ligeramente rociada con aceite. Colocar cucharadas grandes de la mezcla de verduras en la plancha caliente y aplastar cada cucharada para formar un pastel pequeño, de un espesor aproximado de 1,5 cm. Cocinar los pasteles a la plancha durante 3-4 minutos de cada lado, hasta dorar. (Es probable que deba cocinarse por tandas).

VARIANTE

Pasteles de zanahoria y pepino a la plancha Reemplace los calabacines (*zucchini*) por un pepino grande, sin semillas y rallado finamente.

★ INGREDIENTE SALUDABLE

Las zanahorias son probablemente la fuente más conocida de betacaroteno, el antioxidante que combate los radicales libres, que previenen el daño celular.

INFORMACIÓN NUTRICIONAL POR PORCIÓN:

- Calorías 125
- Proteínas 5 g
- Hidratos de carbono 16 g
  Fibra 3 g
- Total de grasas 5 g
  Grasas saturadas 1 g
  Grasas poliinsaturadas 1 g
  Grasas monoinsaturadas 3 g
- Colesterol 0 mg
- Sodio 51 mg

CONSEJO PARA SERVIR

Los pasteles a la plancha son deliciosos si se sirven con una cucharada de mermelada con bajo contenido de azúcar.

Preparación: 20 minutos, más 30 minutos para dejar reposar.
Porciones: 4

KEDGEREE DE PESCADO CON ESPECIAS

EL KEDGEREE SE PREPARA CON ARROZ Y PESCADO AHUMADO, QUE POSEE UN ALTO CONTENIDO DE SAL. ESTA ALTERNATIVA BAJA EN SODIO SE PREPARA CON BACALAO FRESCO Y GRANOS DE ANÍS ESTRELLADO QUE DAN UN SABOR AHUMADO. SERVIR CON TOMATES A LA PARRILLA.

zumo de 1 limón
1 cucharadita de polvo de curry suave
1 cucharadita de granos de anís estrellado
1/2 cucharadita de cúrcuma molida
350 g de filetes de bacalao
750 ml de agua
1 limón pequeño, cortado en rodajas finas
1 hoja de laurel
10 granos de pimienta
1 cebolla grande, finamente picada
200 g de arroz de grano largo
3 cucharadas de perejil fresco picado, más unas ramitas para decorar
sal y pimienta negra recién molida, a gusto
trozos de limón

1 Combinar el zumo de limón, el polvo de curry, los granos de anís estrellado y la cúrcuma; luego tomar una cuchara y colocar la mezcla sobre el bacalao. Dar vuelta en la marinada para cubrir ambos lados. Tapar y refrigerar durante al menos 30 minutos.

2 Colocar el agua, las rodajas de limón, la hoja de laurel y los granos de pimienta en una sartén grande y hervir. Bajar el fuego y cocinar a fuego lento durante 10 minutos. Agregar el pescado y la marinada; luego cocinar por 8-10 minutos más, hasta que el pescado esté tierno. Retirar el pescado, quitarle la piel y las espinas; luego desmenuzar la carne. Escurrir y guardar el líquido.

3 Colocar la cebolla en una cacerola con 5 cucharadas del líquido reservado. Levantar el hervor, tapar y calentar a fuego lento durante 6 minutos. Añadir el arroz y el líquido restante. Hervir y luego bajar el fuego y calentar, tapado, durante 20 minutos o hasta que el arroz esté tierno. Agregar el pescado y el perejil picado y seguir cocinando. Condimentar y decorar con los ramitos de perejil y los trozos de limón.

✶ INGREDIENTE SALUDABLE
Los pescados blancos como el bacalao son una fuente excelente de proteínas con bajo contenido de grasas y también proporcionan selenio, yodo y vitamina E.

INFORMACIÓN NUTRICIONAL POR PORCIÓN:

- Calorías 270
- Proteínas 21 g
- Hidratos de carbono 43 g
  Fibra 1 g
- Total de grasas 1 g
  Grasas saturadas < 1 g
  Grasas poliinsaturadas < 1 g
  Grasas monoinsaturadas < 1 g
- Colesterol 32 mg
- Sodio 65 mg

CONSEJO PARA LA PREPARACIÓN
Para una versión vegetariana, usar 350 g de tofu ("carne" de soja) ahumado o común, en cubos, en lugar del pescado. Añadir al arroz cocido del paso 3.

Preparación: 50 minutos, más 30 minutos para marinar.
Porciones: 4

✳ INGREDIENTE SALUDABLE

Las cerezas proporcionan cantidades valiosas de vitamina C, un antioxidante que puede ayudar a prevenir enfermedades cardiovasculares.

CADA PORCIÓN PROPORCIONA:

○ Calorías 90

○ Proteínas 2 g

○ Hidratos de carbono 20 g
 Fibra 1 g

○ Total de grasas < 1 g
 Grasas saturadas 0 g
 Grasas poliinsaturadas < 1 g
 Grasas monoinsaturadas < 1 g

○ Colesterol 0 mg

○ Sodio 126 mg

CONSEJO

Evitar comprar caldo en cubos con alto contenido en sal. Son preferibles los caldos caseros.

Preparación: 25 minutos, más una hora de refrigeración.
Porciones: 4

Sopa de cerezas

¿QUÉ PODRÍA DEGUSTARSE MEJOR, EN UN CALUROSO DÍA DE VERANO, QUE ESTA SOPA FRÍA? SE CONSIDERA QUE LAS CEREZAS MANTIENEN UN CORAZÓN SALUDABLE Y PROMUEVEN LA BUENA SALUD EN GENERAL. SE RECOMIENDA SERVIR LA SOPA CON RODAJAS DE PAN TOSTADO.

500 g de cerezas, con pepitas y cortados en trozos grandes
500 ml de caldo de pollo o de verdura (ver páginas 118-119), o agua
2 cucharadas de miel o de azúcar
1/2 rama de canela
2 cucharadas de harina de trigo
2 cucharadas de zumo de limón
ralladura de un limón, cortada en tiras finas, y un poco más
para decorar (opcional)
4 cucharadas de queso descremado (desnatado) o de yogur natural

1 Colocar las cerezas en una sartén grande de acero inoxidable o enlozada. Añadir el caldo, la miel y la canela. Hervir, luego bajar el fuego y cocer a fuego lento durante 15 minutos o hasta que las cerezas estén tiernas.

2 Mezclar la harina de trigo con el zumo de limón e incorporar a la sopa. Cocer a fuego lento durante unos minutos más hasta que espese un poco. Añadir la ralladura de limón y retirar del fuego. Dejar enfriar, luego refrigerar durante una hora. Dividir la sopa en cuatro recipientes y colocar una cucharada de queso sobre cada porción. Adornar con tiras de cáscara de limón, si lo desea, antes de servir.

SOPAS

Las sopas caseras, nutritivas y versátiles son el alimento perfecto para un corazón y un cuerpo saludables. Una sopa servida con un trozo de buen pan (preferentemente integral) y una ensalada fresca verde o mixta, constituye una comida ligera y que a la vez satisface.

✱ INGREDIENTE SALUDABLE
Todas las variedades de aceite de oliva son ricas en grasas monoinsaturadas, que es una opción más saludable que las grasas saturadas porque no perjudican los niveles de colesterol en sangre.

CADA PORCIÓN PROPORCIONA:

○ Calorías 140

○ Proteínas 3 g

○ Hidratos de carbono 23 g
Fibra 2 g

○ Total de grasas 5 g
Grasas saturadas < 1 g
Grasas poliinsaturadas < 1 g
Grasas monoinsaturadas 3 g

○ Colesterol 0 mg

○ Sodio 13 mg

CONSEJO PARA LA COMPRA
Siempre que sea posible, usar tomates frescos, tales como la variedad de forma de pera. Los tomates para ensalada tienden a ser demasiados zumosos y no poseen la intensidad de sabor que se necesita para su cocción.

Preparación: 60 minutos
Porciones: 4

SOPA INVERNAL DE TOMATE

ESTA VERSIÓN CON BAJO CONTENIDO DE GRASAS DE UNA ANTIGUA SOPA POPULAR ES CREMOSA, AGRIDULCE Y RECONFORTANTE. ADEMÁS DE SER SABROSA, CONTIENE UNA VALIOSA COMBINACIÓN DE VITAMINAS Y MINERALES. SERVIR CON UN TROZO DE PAN INTEGRAL.

1 cebolla, finamente picada.
3 dientes de ajo, finamente picados
2 barras de apio, finamente picadas
zumo y ralladura de 1 naranja
1 cucharada de aceite de oliva
500 g de tomates pelados sin semillas y finamente picados
350 ml de zumo de naranja fresco
500 ml de caldo de pollo o de verdura (ver páginas 118-119)
2 cucharadas de arroz
nuez moscada recién rallada, a gusto
2 o 3 cucharadas de zumo de limón, a gusto
sal y pimienta negra recién molida, a gusto
albahaca fresca picada

1 Colocar la cebolla, el ajo, el apio, el zumo de naranja y la ralladura en una sartén grande. Cocer durante 5 minutos sobre fuego moderado o hasta que el zumo de naranja se haya evaporado. Incorporar el aceite y cocinar durante otros 4-5 minutos hasta que la cebolla se haya pochado.

2 Añadir los 400 g de tomates, el zumo de naranja fresco, el caldo y el arroz. Hervir, luego bajar el fuego y cocer a fuego lento durante aproximadamente 35-40 minutos, hasta que la sopa se haya reducido y espesado. Agregar la nuez moscada, el zumo de limón y los tomates restantes, y continuar calentando. Sazonar y adornar con las hojas de albahaca antes de servir.

VARIANTE

Sopa de tomate para el verano Omitir el arroz y cocinar el líquido como se indica más arriba en el paso 2, durante 25 minutos. Incorporar la nuez moscada, el zumo de limón y los tomates restantes, y continuar cocinando. Sazonar y dejar enfriar; luego refrigerar durante al menos dos horas. Servir la sopa fría, adornada con la albahaca picada.

✱ INGREDIENTE SALUDABLE

Se relaciona una ingesta regular de cereales con alto contenido de fibra, tales como la cebada, con un riesgo reducido de sufrir algún trastorno cardíaco, presión sanguínea alta y ciertos tipos de cánceres.

INFORMACIÓN NUTRICIONAL POR PORCIÓN:

○ Calorías 120

○ Proteínas 2 g

○ Hidratos de carbono 20 g
   Fibra 1 g

○ Total de grasas 4 g
   Grasas saturadas <1 g
   Grasas poliinsaturadas < 1 g
   Grasas monoinsaturadas 3 g

○ Colesterol 0 mg

○ Sodio 198 mg

CONSEJO PARA LA PREPARACIÓN

Poner en remojo la cebada durante 2 horas en agua fría antes de utilizarla, para reducir a la mitad el tiempo de cocción.

Preparación: 1 hora, 25 minutos
Porcines: 4

SOPA DE SETAS Y CEBADA

AUNQUE ES PROBABLE QUE LA CEBADA SEA EL CEREAL CULTIVADO MÁS ANTIGUAMENTE, A MENUDO SE PASA POR ALTO EN LA DIETA. SIN EMBARGO, SE CONSIDERA QUE DISMINUYE LOS NIVELES DE COLESTEROL EN SANGRE Y CONSTITUYE UNA SOPA MUY SALUDABLE.

*1 cucharada de aceite de oliva
o de mantequilla con contenido medio de grasas
1 cebolla, picada
o la parte blanca de 2 puerros, finamente picados
60 g de cebada perlada, remojada en agua fría durante 2 horas y escurrida
1 litro de caldo de verdura (ver página 118),
leche descremada (desnatada) o agua
20 g de setas (hongos) porcini secas, remojadas durante 30 minutos
en un poco de agua caliente
1 hoja de laurel
1 zanahoria grande, rallada gruesa
sal y pimienta negra recién molida, a gusto*

1 Calentar el aceite en una cacerola de fondo termodifusor, luego añadir la cebolla. Tapar y cocinar a fuego moderado durante 5 minutos o hasta que la cebolla se encuentre tierna.

2 Agregar la cebada y cocinar durante 1-2 minutos más, hasta que la cebada esté cubierta por la mezcla de cebolla. Añadir el caldo, las setas (hongos) rehidratadas, junto con el líquido colado y la hoja de laurel. Hervir, luego bajar el fuego y calentar durante 1 hora o hasta que la cebada se encuentre blanda.

3 Incorporar la zanahoria y continuar calentando la sopa durante 5-6 minutos, hasta ablandar la zanahoria. Condimentar antes de servir

VARIANTE

Sopa de setas (hongos) ahumados y cebada Añadir 50 g de jamón curado, cortado en dados y desgrasado, a la zanahoria del paso 3. (Para eliminar el exceso de sal en el jamón, blanquearlo primero durante 5 minutos en agua hirviendo, luego colar y enjuagar).

Las alubias (porotos) proporcionan cantidades significativas de fibra soluble que puede reducir los niveles de colesterol si se los ingiere en forma regular. También poseen alto contenido de hierro, folato y potasio.

INFORMACIÓN NUTRICIONAL POR PORCIÓN:

○ Calorías 210

○ Proteínas 16 g

○ Hidratos de carbono 27 g
   Fibra 6 g

○ Total de grasas 5 g
   Grasas saturadas 1 g
   Grasas poliinsaturadas 1 g
   Grasas monoinsaturadas 3 g

○ Colesterol 0 mg

○ Sodio 264 mg

CONSEJO PARA LA PREPARACIÓN

Si se emplean alubias (porotos) de manteca, poner en remojo 100 g en agua fría durante la noche, luego colar y enjuagar. Cubrir con agua fría en una cacerola y hervir. Tapar, bajar el fuego y calentar durante una hora, hasta que resulten tiernas. Añadir la sopa del paso 2, con los tomates.

Preparación: 1 hora, 25 minutos
Porciones: 4

SOPA MEDITERRÁNEA CON ALUBIAS

ESTA ES UNA SOPA RECONFORTANTE QUE SATISFACE Y PRESENTA UNA COMBINACIÓN NUTRITIVA DE VERDURAS, CEREALES Y ALUBIAS (POROTOS). SERVIRLA CON TROZOS DE PAN.

1 cucharada de aceite de oliva
1 cebolla grande, picada
3 dientes de ajo, finamente picados
2 ramas de apio, finamente picados
1 zanahoria grande, finamente picada
1 litro de caldo de pollo o verdura (ver páginas 118-119)
2 cucharadas de cebada perlada, remojada en agua fría
durante 2 horas y colada
150 g de tomates perita, pelados, sin semillas y picados
200 g de alubias (porotos) de manteca enlatadas en agua
un puñado pequeño de perejil, cortado en trozos grandes
sal y pimienta negra recién molida, a gusto

1 Calentar el aceite en una cacerola grande. Añadir la cebolla, el ajo, el apio y la zanahoria; luego saltear a fuego moderado durante 5-8 minutos, hasta que la cebolla se haya ablandado y dorado. Si la mezcla se seca demasiado, agregar 1 o 2 cucharadas de agua.

2 Incorporar el caldo y la cebada. Hervir, luego bajar el fuego, tapar y calentar durante 1 hora o hasta que la cebada se ablande. Añadir los tomates, las alubias (porotos) y el perejil, y reservar un poco de las hierbas para decorar. Colocar sobre el fuego durante 5 minutos más o hasta lograr la temperatura deseada. Condimentar y servir decorado con el perejil.

SOPA DE LENTEJAS Y CILANTRO

ESTA SOPA CREMOSA, SUSTANCIOSA Y CON SABOR A LIMÓN, ES TODA UNA COMIDA CUANDO SE LA ACOMPAÑA CON *NAAN* (PAN INDIO) U OTRO PAN SIMILAR. LAS LENTEJAS SON ESPECIALMENTE INDICADAS PARA EL CORAZÓN, YA QUE PROPORCIONAN TANTO FIBRA COMO MINERALES.

1 cucharada de aceite de oliva
1 cebolla, finamente picada
3 dientes de ajo, finamente picados
1 zanahoria grande, rallada
un puñado de cilantro fresco, picado
125 g de lentejas rojas, en remojo
2 cucharadas de trigo burgol, en remojo
1 litro de caldo de pollo o verdura (ver páginas 118-119)
zumo y ralladura de 1 limón
sal y pimienta negra recién molida, a gusto

1 Calentar el aceite en una cacerola grande. Añadir la cebolla, el ajo, la zanahoria y el cilantro. Reservar un poco de esta hierba para decorar. Saltear a fuego moderado durante 5-8 minutos, hasta que la cebolla esté tierna y dorada. Si la mezcla se seca demasiado, agregar 1-2 cucharadas de agua.

2 Incorporar las lentejas y el trigo burgol, revolver bien y añadir luego el caldo. Hervir, bajar el fuego y calentar durante 30 minutos o hasta que las lentejas estén tiernas. Incorporar el zumo y la ralladura de limón, y condimentar. Servir adornada con el cilantro reservado para este fin.

VARIANTES

Sopa ahumada de lentejas y cilantro Incorporar 250 g de tofu ahumado cortado en cubos, durante 10 minutos antes de finalizado el tiempo de cocción indicado.

Sopa picante de lentejas y cilantro Añadir 1 o 2 chiles picantes, sin semilla y picados, junto con la cebolla en el paso 1 indicado anteriormente. Incorporar 1/4 de cucharada de comino molido, con el zumo de limón del paso 2 anterior.

✴ INGREDIENTE SALUDABLE

Las hierbas frescas, tales como el cilantro, son una fuente de vitamina C que a menudo no se tiene en cuenta. Este antioxidante puede reducir el riesgo de sufrir enfermedades y paros cardíacos.

INFORMACIÓN NUTRICIONAL POR PORCIÓN:

○ Calorías 230

○ Proteínas 19 g

○ Hidratos de carbono 29 g
Fibra 3 g

○ Total de grasas 5 g
Grasas saturadas 1 g
Grasas poliinsaturadas 1 g
Grasas monoinsaturadas 3 g

○ Colesterol 0 mg

○ Sodio 250 mg

CONSEJO PARA LA PREPARACIÓN

Pueden utilizarse lentejas, verdes o marrones en lugar de lentejas rojas.

Preparación: 50 minutos
Porciones: 4

SOPA TAILANDESA DE PESCADO Y FIDEOS

ESTA SOPA DE PESCADO, TIPO TAILANDESA, ES FÁCIL DE PREPARAR, Y SERVIDA CON PAN Y UNA ENSALADA, CONSTITUYE UNA COMIDA DELICIOSA Y CON BAJO CONTENIDO DE GRASAS. EN ESTA VERSIÓN SE EMPLEA RAPE, PERO SON IGUALMENTE ADECUADOS OTROS PESCADOS DE CARNE FIRME Y MAGRA.

400 g de filetes de rape, en cubos del tamaño de un bocado
zumo de 1 lima, y una cucharadita de ralladura de la corteza
100 g de chalotas, finamente picadas
2 dientes de ajo, finamente picados
1 zanahoria, finamente picada
un trozo de jengibre fresco de 2,5 cm, finamente picado
2 ramitas de hierba limón, sin las hojas externas y el interior finamente picado
1 chile picante pequeño, sin semillas y finamente picado
4 cucharadas de agua
1 cucharada de aceite de girasol o de uva
750 ml de fideos de arroz, cortados y remojados
durante 3 minutos en agua hirviendo
eneldo o cilantro fresco, para decorar

1 Colocar el pescado en una fuente. Con una cuchara, esparcir el zumo de limón y la mitad de la ralladura. Tapar y dejar marinar en el refrigerador durante 30 minutos.

2 Colocar las chalotas, el ajo, la zanahoria, el jengibre, la hierba limón y el chile picante en una cacerola grande. Añadir el agua y hervir. Bajar el fuego, tapar y calentar. Revolver de vez en cuando durante cinco minutos o hasta que el agua se haya consumido. Agregar el aceite y cocinar. Revolver hasta que las verduras se hayan ablandado.

3 Agregar el caldo y llevar a ebullición nuevamente. Bajar el fuego, colar la espuma y cocinar a fuego lento durante unos 20 minutos.

4 Añadir el pescado y los fideos a la sopa. Luego calentar a fuego lento durante 5-8 minutos hasta que el pescado esté tierno. Incorporar la marinada de zumo y ralladura de lima. Decorar con el eneldo y la ralladura reservada antes de servir.

✳ INGREDIENTE SALUDABLE
El pescado fresco no solo tiene un bajo contenido de grasas sino que también proporciona altos niveles de proteínas.

INFORMACIÓN NUTRICIONAL POR PORCIÓN:

○ Calorías 180

○ Proteínas 24 g

○ Hidratos de carbono 10 g
  Fibra 1 g

○ Total de grasas 5 g
  Grasas saturadas < 1 g
  Grasas poliinsaturadas 3 g
  Grasas monoinsaturadas < 1 g

○ Colesterol 14 mg

○ Sodio 198 mg

CONSEJO PARA LA PREPARACIÓN
Para añadir un sabor ligeramente ahumado al pescado, luego de marinado, cocinarlo durante unos minutos en una plancha caliente, con un poco de aceite, hasta que se dore. Agregar el pescado a la sopa en el paso 4.

Preparación: 40 minutos, más 30 minutos para marinar.
Porciones: 4

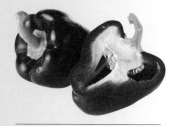

✳ INGREDIENTE SALUDABLE

El pimiento colorado es una buena fuente de betacaroteno y vitamina C. Estos antioxidantes reducen el riesgo de contraer una enfermedad cardíaca.

INFORMACIÓN NUTRICIONAL POR PORCIÓN:

○ Calorías 120

○ Proteínas 3 g

○ Hidratos de carbono 9 g
  Fibra 2 g

○ Total de grasas 8 g
  Grasas saturadas 1 g
  Grasas poliinsaturadas 1 g
  Grasas monoinsaturadas 6 g

○ Colesterol 0 mg

○ Sodio 15 mg

CONSEJOS PARA SERVIR

Este plato es delicioso frío y se conserva bien en el refrigerador hasta 2 días. Servir para acompañar carnes o pescados.

Preparación: 55 minutos
Porciones: 4

VERDURAS ASADAS CON HIERBAS Y AJO

ESTE TIPO DE COCCIÓN REALZA EL SABOR DE LAS VERDURAS FRESCAS Y LAS HACE DULCES Y AROMÁTICAS. ESTE PLATO ES DELICIOSO SI SE SIRVE SÓLO CON PASTAS O PAN Y UNA ENSALADA VERDE.

4 cucharadas de agua o zumo de naranja fresco
100 g de calabacines amarillos o verdes, cortados en tiras
1 pimiento colorado, sin rabo, sin semillas y cortado en tiras
100 g de flor de brócoli
5 cebollitas, cortadas en cuartos
3 o 4 dientes de ajo, cortados en cuartos
300 g de tomates redondos cherry
2 cucharadas de aceite de oliva
2 cucharaditas de azúcar morena
2 ramitos de romero y tomillo
sal y pimienta negra recién molida, a gusto
hojas de albahaca fresca, para decorar

1 Precalentar el horno a 200º C (Indicador en 6). En una asadera, verter el agua sobre los calabacines, el pimiento, el brócoli, las cebollitas y el ajo. Cubrir con papel metalizado y hornear durante 25 minutos.

2 Aumentar la temperatura a 230º C (Indicador en 8). Retirar el papel metalizado de las verduras; luego agregar los tomates, el aceite, el azúcar, las hierbas y los condimentos. Cocinar al horno y dar vuelta las verduras con frecuencia durante 20-25 minutos hasta que se hayan dorado y tomado punto de caramelo. Decorar con la albahaca antes de servir.

COMIDAS LIGERAS

Esta variedad de platos no se basa en cantidades excesivas de carne y pescado para lograr comidas sustanciosas, sino en saludables y deliciosas verduras, alubias (porotos) e hidratos de carbono con contenido de almidón, entre los que se encuentran pan, arroz, trigo burgol y pastas.

MI SÁNDWICH FAVORITO

ESTE SÁNDWICH ES UNA SALUDABLE COMBINACIÓN DE TOMATE, CEBOLLA Y PEREJIL, ELEMENTOS BENEFICIOSOS PARA EL CORAZÓN. A VECES AGREGO UN DIENTE DE AJO GRANDE CORTADO EN FINAS RODAJAS QUE COLOCO SOBRE LOS TOMATES.

3 rodajas gruesas de tomate para ensalada
1/2 cucharadita de azúcar
zumo de 1/2 limón
1-2 cucharaditas de aceite de oliva
2 rebanadas gruesas de pan integral, ligeramente tostadas
1/2 cebolla roja pequeña, cortada en aros
un puñado de perejil común o de albahaca fresca, con los tallos
sal y pimienta negra recién molida, a gusto

1 Calentar la parrilla al máximo y revestir una placa para horno con papel metálico. Espolvorear las rodajas de tomate con el azúcar y cocinarlas a la parrilla de un lado, durante 4-5 minutos, hasta que estén tiernas y empiecen a dorarse.

2 Mezclar el zumo de limón y el aceite, luego esparcir la mezcla con una cuchara sobre una rebanada de pan tostado. Disponer los tomates sobre el pan y cubrir con la cebolla y el perejil. Condimentar, cubrir con la otra rebanada de pan tostado y prensarlos antes de servir.

VARIANTE

Sándwich de berenjena Reemplazar el tomate por tres rodajas de berenjena. Rociar cada rodaja con 1 cucharadita de aceite de oliva, luego cocinar bajo una parrilla caliente durante 4-5 minutos de cada lado, hasta que estén tiernas y empiecen a dorarse. Reemplazar el aceite por 1/2 diente de ajo triturado y mezclarlo con el zumo de limón. Verter sobre una rebanada de pan tostado. Colocar las rodajas de berenjena sobre el pan, y cubrir con la cebolla y el perejil. Condimentar y cubrir con la otra rebanada de pan tostado.

✶ INGREDIENTE SALUDABLE
El pan integral de buena calidad aumenta la ingesta de fibra y ayuda a impedir los resfriados.

INFORMACIÓN NUTRICIONAL POR PORCIÓN:

○ Calorías 270

○ Proteínas 9 g

○ Hidratos de carbono 44 g
  Fibra 7 g

○ Total de grasas 7 g
  Grasas saturadas 1 g
  Grasas poliinsaturadas 2 g
  Grasas monoinsaturadas 4 g

○ Colesterol 0 mg

○ Sodio 455 mg

CONSEJO PARA LA PREPARACIÓN
Este sándwich tiene mejor sabor si se lo prepara una hora antes de servirlo. Envolver en papel autoadherente y refrigerar.

Preparación: 10 minutos
Porciones: 1

DUMPLINGS TIPO DAHL AL VAPOR CON SALSA DE YOGUR

LOS DUMPLINGS SON BUÑUELOS DE MASA QUE POSEEN BAJO

CONTENIDO GRASO Y CONSTITUYEN UNA COMIDA LIGERA Y NUTRITIVA.

SERVIR CON UNA ENSALADA MIXTA DE HORTALIZAS Y PAN.

*75 g de alubias (porotos) mung secas, maceradas durante la noche,
enjuagadas y escurridas*
*50 g de garbanzos secos, en remojo durante la noche,
enjuagados y escurridos*
2 claras de huevo
1 chile picante colorado, sin semillas y finamente picado
3-4 cucharadas de cilantro fresco picado
1/2 cucharadita de semillas de comino, tostadas en una sartén seca
1 cucharadita de levadura
sal y pimienta negra recién molida, a gusto

PARA LA SALSA
250 ml de yogur natural libre de grasa
zumo de 1 limón y 1/2 cucharadita de ralladura
*2 cucharadas de cilantro o menta fresco picado,
y un poco más para decorar*

1. Colocar las alubias (porotos) mung, los garbanzos y las claras de huevo en una batidora hasta lograr una mezcla suave. Añadir el chile picante, el cilantro, el comino, el polvo para hornear y los condimentos; luego batir hasta que la mezcla forme una pasta. (Si la mezcla resulta demasiado blanda, agregar un poco de harina.)

2. Revestir el fondo de la olla a vapor con muselina o papel antiadherente. En caso de emplearse el último, hacer unos orificios con una brocheta fina para permitir que penetre el vapor. Formar bolitas con cucharadas de la pasta y colocarlas en la vaporera. Tapar y cocinar durante aproximadamente 10 minutos, o hasta que estén firmes (puede que sea necesario cocinarlos en tandas).

3. Para preparar la salsa, mezclar todos los ingredientes, luego verter sobre los buñuelos calientes. Dejar que los buñuelos se impregnen en la salsa durante unos 15 minutos. Servir fríos o a temperatura ambiente, espolvoreados con el cilantro restante.

✷ INGREDIENTE SALUDABLE

Las alubias (porotos) poseen bajo contenido de grasas y proporcionan valiosas cantidades de fibra soluble. Se ha demostrado que ayudan a reducir los niveles de colesterol en sangre.

INFORMACIÓN NUTRICIONAL POR PORCIÓN:

- Calorías 130
- Proteínas 12 g
- Hidratos de carbono 20 g
  Fibra 1 g
- Total de grasas 1 g
  Grasas saturadas < 1 g
  Grasas poliinsaturadas < 1 g
  Grasas monoinsaturadas 0 g
- Colesterol 2 mg
- Sodio 205 mg

CONSEJO PARA LA PREPARACIÓN

Estos buñuelos no se conservan bien y es mejor comerlos inmediatamente tras su cocción.

Preparación: 20 minutos, más 15 minutos para dejar reposar.
Porciones: 4

PASTELES DE VERDURAS FRESCAS

100 g de brócoli
100 g de zanahorias, picadas
4 cebollitas picadas
2 claras de huevo
4-5 cucharadas de harina
1 cucharadita de levadura

3-4 cucharadas de perejil fresco o menta picada
sal y pimienta negra recién molida, a gusto
1 cucharada de aceite, para extender la superficie de cocción

1 Picar finamente las verduras. Añadir las claras de huevo y mezclar; luego incorporar los ingredientes restantes, excepto el aceite. Tapar y refrigerar durante 20 minutos.

2 Calentar una plancha rociada con aceite. Colocar cucharadas de la mezcla y formar discos con una espátula pequeña. Cocinarlos durante aproximadamente 3 minutos de cada lado, hasta que estén dorados.

PILAF DE TRIGO BURGOL CON ESPINACA

EL TRIGO BURGOL ES TAL VEZ UNA DE LAS "COMIDAS RÁPIDAS" MÁS ANTIGUAS. ES FÁCIL DE PREPARAR Y UNA ALTERNATIVA EXCELENTE.

2 cucharadas de aceite de oliva
1 cebolla pequeña, picada
250 g de trigo burgol
600 ml de agua hirviendo
500 g de espinaca picada gruesa
sal y pimienta negra recién molida, a gusto
zumo de 1 limón

1 Calentar el aceite en una sartén, luego agregar la cebolla y saltear durante 5 minutos hasta que esté tierna. Añadir el trigo burgol y freír. Revolver durante 5 minutos o hasta que los granos se vean tostados.

2 Incorporar el agua y hervir, luego bajar el fuego. Tapar y calentar durante 15-20 minutos, hasta que el agua se haya absorbido.

3 Cocer la espinaca al vapor durante 2 minutos, o hasta que se marchite, luego añadir la mezcla de trigo burgol. Condimentar y luego agregar el zumo de limón. Tapar y dejar reposar durante 5 minutos antes de servir.

PILAF RÁPIDO DE TOMATE Y HIERBAS FRESCAS

ESTA ES UNA VARIANTE DEL CLÁSICO "TABBOULEH" DE MEDIO ORIENTE.

PUEDE EMPLEARSE TRIGO BURGOL O COUS-COUS COMO UNA

ALTERNATIVA NUTRITIVA DEL ARROZ.

4 tomates, en dados
2 pepinos pequeños, en dados
4 cebollitas, finamente picadas
1 diente de ajo, picado
1 chile picante, sin semillas y picado finamente
zumo de 1 limón, o al gusto
un puñado de menta fresca o perejil común fresco, picado
sal y pimienta negra recién molida, al gusto
2 cucharadas de aceite de oliva
200 g de arroz basmati
400 ml de agua

1 Colocar en un recipiente los tomates, pepinos, cebollitas, ajo, chile, zumo de limón, hierbas, aderezos y la mitad del aceite. Tapar y dejar marinar durante al menos 1 hora para que se impregne de sabor.

2 Calentar el aceite restante en una cacerola grande, de fondo doble. Añadir el arroz y freír sobre fuego fuerte. Dar vueltas constantemente, durante 3-4 minutos, hasta que el arroz empiece a tomar color.

3 Agregar el agua y levantar el hervor rápidamente. Bajar el fuego al mínimo, tapar y cocinar durante 15 minutos o hasta que el arroz esté tierno y el agua se haya absorbido. Dejar reposar el arroz durante 5 minutos.

4 Para servir, disponer la ensalada marinada de tomate y pepino sobre el arroz cocido. Como alternativa, mezclar la ensalada con el arroz y calentar a fuego moderado antes de servir.

INFORMACIÓN NUTRICIONAL POR PORCIÓN:

- Calorías 270
- Proteínas 5 g
- Hidratos de carbono 44 g
  Fibra 1 g
- Total de grasas 8 g
  Grasas saturadas 1 g
  Grasas poliinsaturadas 1 g
  Grasas monoinsaturadas 6 g
- Colesterol 0 mg
- Sodio 9 mg

CONSEJOS PARA LA PREPARACIÓN

Puede emplearse arroz no pulimentado en lugar de arroz blanco. Agregar un poco de agua adicional y cocinar durante 30-40 minutos, hasta que esté tierno. Para reducir el contenido graso del plato, cocer el arroz al vapor o hervirlo en lugar de freírlo.

Preparación: 25 minutos, más una hora para marinar y 5 minutos para dejar reposar.
Porciones: 4

RISOTTO EN CALABAZA

SI SE DESEA OBTENER UN PLATO DECORATIVO PARA UNA CENA, SERVIR
ESTE *RISOTTO* LIGERO Y AROMÁTICO DENTRO DE UNA CALABAZA. PUEDE
EMPLEARSE CALABACINES (*ZUCHINI*) Y AGREGAR UNA CUCHARADITA DE
CANELA O NUEZ MOSCADA.

500 g de calabaza, sin semillas y en cubos pequeños
2 cucharadas de aceite de oliva
1 cebolla, finamente picada
250 g de arroz arborio
50 g de pasas, remojadas en agua caliente durante 20 minutos
1 litro de caldo de pollo o verdura caliente (ver páginas 118-119)
zumo y ralladura de 1 limón
sal y pimienta negra recién molida, al gusto
3 cucharadas de menta fresca picada o perejil común picado
2 cucharadas de semillas de calabaza, ligeramente asadas
en una sartén seca (opcional)

1 Cocer la calabaza al vapor durante 8-10 minutos, hasta que esté
apenas tierna. Mientras tanto, calentar el aceite en una cacerola grande.
Añadir las cebollas y freír durante 4-5 minutos, hasta que se ablanden.
Incorporar el arroz y cocinar durante 2 minutos, hasta que esté
embebido en el aceite. Incorporar las pasas.

2 Agregar aproximadamente un tercio del caldo, bajar el fuego y
cocinar durante 5-6 minutos. Revolver con frecuencia hasta que el
líquido se haya absorbido. Añadir la mitad del caldo restante y
cocinar. Revolver con frecuencia hasta que el líquido se haya
absorbido.

3 Agregar el caldo restante y la calabaza, luego calentar durante 5-6
minutos hasta que el arroz esté tierno pero a punto. Incorporar el
zumo de limón, la mitad de la ralladura y los condimentos.

4 Antes de servir, esparcir la menta, las semillas de calabaza, en caso
de utilizarlas, y el resto de la ralladura de limón sobre el *risotto*.

✱ INGREDIENTE SALUDABLE

La calabaza es rica en vitamina C
y betacaroteno. Se considera
que al ingerir alimentos ricos en
estos antioxidantes en forma
regular, se disminuye el riesgo
de sufrir infartos o algún
trastorno relacionado.

**INFORMACIÓN NUTRICIONAL
POR PORCIÓN:**

○ Calorías 360

○ Proteínas 7 g

○ Hidratos de carbono 61 g
 Fibra 2 g

○ Total de grasas 9 g
 Grasas saturadas 1 g
 Grasas poliinsaturadas 1 g
 Grasas monoinsaturadas 6 g

○ Colesterol 0 mg

○ Sodio 230 mg

CONSEJO PARA SERVIR

Si se desea servir el *risotto*
dentro de la cáscara de la
calabaza, extraer las semillas y la
mayor parte de la pulpa de las
cuatro calabazas pequeñas antes
de rellenarlas con el *risotto*.

Preparación: 40 minutos
Porciones: 4

**INFORMACIÓN NUTRICIONAL
POR PORCIÓN:**

○ Calorías 370

○ Proteínas 8 g

○ Hidratos de carbono 66 g
   Fibra 4 g

○ Total de grasas 10 g
   Grasas saturadas 2 g
   Grasas poliinsaturadas 2 g
   Grasas monoinsaturadas 6 g

○ Colesterol 0 mg

○ Sodio 132 mg

**CONSEJO PARA LA
PREPARACIÓN**

Para hornear: Precalentar el
horno a 200º C (Indicador en 6).
Seguir el paso 1, luego agregar
la manzana y los guisantes y
aumentar la cantidad de caldo o
agua a 600 ml. Colocar la
mezcla en una fuente para
horno y cocinar, tapada, durante
15 minutos. Destapar y hornear
durante 20 minutos más hasta
que el líquido se haya
consumido y el arroz esté tierno.

Preparación: 50 minutos, más 5
minutos para dejar reposar.
Porciones: 4

RISI-BIZI

ESTA VERSIÓN SIMPLIFICADA DE RISOTTO RESULTA DELICIOSA SI SE LA
CUBRE CON UNA CUCHARADA DE YOGUR NATURAL. PARA OBTENER UN
PLATO PRINCIPAL MÁS SUSTANCIOSO, AGREGAR PEQUEÑOS TROZOS DE
PECHUGA DE POLLO SIN PIEL O DE PESCADO, ASADOS O A LA PARRILLA.

2 cucharadas de aceite de oliva
1 cebolla, finamente picada
2 dientes de ajo, finamente picados
2 zanahorias, ralladas
250 g de arroz de grano largo
1 manzana pequeña, sin pelar, sin semillas y finamente picada
125 g de guisantes (arvejas) frescos o congelados
500 ml de caldo de verdura (ver página 118-119) o agua
unas ramitos de tomillo fresco (opcional)
1 cucharadita de ralladura fina de limón (opcional)
sal y pimienta negra recién molida, a gusto

1 Calentar el aceite en una cacerola de fondo doble con tapa. Añadir
la cebolla, el ajo y las zanahorias, luego freír durante 8-10 minutos,
hasta que se doren. Agregar el arroz y freír. Revolver durante 1 minuto
hasta que todo se encuentre rehogado con la mezcla de aceite.

2 Agregar la manzana, los guisantes (arvejas) y el caldo. Hervir, luego
bajar el fuego al mínimo y tapar la cacerola con una tapa a presión.
Cocinar lentamente durante alrededor de 20-25 minutos, hasta que el
arroz esté tierno y el agua se haya consumido.

3 Añadir el tomillo y la ralladura de limón, en caso de emplearse, y
condimentar. Apretar el arroz con un tenedor y dejar reposar, tapado,
durante 5 minutos antes de servir.

VARIANTE
Risi-bizi de piña Reemplazar las manzanas por 150 g de ananá (piña)
fresco, pelado, sin el centro y picado, y 30 g de pasas, remojadas en
agua caliente durante 20 minutos.

RISOTTO ORIENTAL CON SETAS

ESTA RECETA COMBINA LOS SABORES DE ORIENTE Y DE OCCIDENTE.

LAS SETAS (HONGOS) CONTIENEN NUMEROSAS VITAMINAS

Y POSEEN PROPIEDADES ANTIVIRALES.

2 cucharadas de aceite de girasol
1 cebolla pequeña, finamente picada
2 dientes de ajo, picados
un trozo de jengibre fresco de 1,5 cm, desmenuzado fino
125 g de setas (hongos) shiitake, sin los tallos
y con los sombreretes cortados en rodajas gruesas
125 g de setas (hongos) silvestres, en rodajas
250 ml de vino blanco seco
250 g de arroz arborio
750 ml de caldo de pollo o verdura caliente (ver páginas 118-119)
sal y pimienta negra recién molida, al gusto
1 cucharada de perejil común, fresco y picado
1 cucharada de tomillo fresco picado o 2 cucharadas
de perejil común fresco picado
lonchas finas de queso parmesano, para decorar (opcional)

1 Calentar el aceite en una cacerola grande de doble fondo, luego añadir la cebolla, el ajo y el jengibre. Freír durante 4-5 minutos, hasta que la cebolla empiece a dorarse.

2 Agregar todas las setas (hongos) y saltear durante 4-5 minutos, hasta que se ablanden y empiecen a eliminar líquido. Añadir el vino blanco y hervir. Bajar el fuego y cocinar, sin tapa, durante 10 minutos o hasta que la mayor parte del líquido se haya consumido.

3 Agregar el arroz y revolver durante aproximadamente 1 minuto o hasta que el arroz se una con la mezcla de setas (hongos). Agregar alrededor de un tercio del caldo y cocinar durante 5-6 minutos. Revolver de vez en cuando hasta que el líquido se haya consumido. Añadir la mitad del caldo restante y cocinar. Revolver con frecuencia hasta que el líquido se haya absorbido.

4 Incorporar el caldo restante y cocinar otros 5-6 minutos, hasta que el arroz esté tierno, pero no pasado. Antes de servir, condimentar, esparcir el tomillo y el queso parmesano, en caso de utilizarlos.

✳ INGREDIENTE SALUDABLE

Se ha descubierto que las setas (hongos) shiitake y otras setas orientales disminuyen los niveles de colesterol malo en el cuerpo.

INFORMACIÓN NUTRICIONAL POR PORCIÓN:

○ Calorías 430

○ Proteínas 15 g

○ Hidratos de carbono 77 g
  Fibra 1 g

○ Total de grasas 9 g
  Grasas saturadas 1 g
  Grasas poliinsaturadas 5 g
  Grasas monoinsaturadas 2 g

○ Colesterol 0 mg

○ Sodio 180 mg

CONSEJO PARA LA PREPARACIÓN

Si no se consiguen setas (hongos) shiitake frescas, usar las secas. Rehidratar 30 g de setas desecadas. Quitar y desechar los tallos y usarlas como se recomienda.

Preparación: 40 minutos
Porciones: 4

PASTAS CON BERENJENAS Y TOMATES

LAS PASTAS SON ALIMENTOS CONVENIENTES Y VERSÁTILES CON BAJO

CONTENIDO DE GRASAS. ESCOGER DE LA AMPLIA GAMA DE PASTAS PARA

ACOMPAÑAR ESTA SALSA DE TOMATE NUTRITIVA Y AROMÁTICA.

SERVIR EL PLATO CON UNA ENSALADA.

2 cucharadas de aceite de oliva
1 cebolla grande, picada
4 dientes de ajo, picados
250 g de berenjenas, cortadas en cubos de 1 cm
1 cucharada de salsa de soja baja de sal
400 g de tomates enlatados
250 g de tomates perita, pelados, sin semillas y picados
2 cucharadas de tomillo fresco picado u orégano
300 g de pastas, tales como riccioli, fusilli o conchiglie
pimienta negra recién molida, a gusto
puñado de perejil común fresco, para decorar

1 Calentar el aceite en una cacerola grande, con fondo doble, luego añadir la cebolla y el ajo. Freír durante 5-8 minutos, hasta que la cebolla se haya ablandado. Agregar las berenjenas y freír durante 5 minutos o hasta que se hayan ablandado un poco. Si la mezcla se reseca demasiado, agregar 1-2 cucharadas de agua.

2 Añadir la salsa de soja y cocinar durante 1-2 minutos mientras se revuelve. Agregar los tomates de lata. Desarmar los trozos grandes con la parte posterior de la cuchara. Tapar y cocinar durante alrededor de 20 minutos, o hasta que las berenjenas estén blandas y tiernas. Agregar los tomates frescos y el tomillo, y cocinar durante 2 minutos más.

3 Mientras se cocina la salsa, preparar las pastas según las instrucciones del fabricante. Condimentar la salsa y servir con las pastas. Espolvorear el perejil antes de servir.

✳ INGREDIENTE SALUDABLE

Los tomates constituyen una parte fundamental en la cocina mediterránea, considerada muy beneficiosa para el corazón.

INFORMACIÓN NUTRICIONAL POR PORCIÓN:

○ Calorías 380

○ Proteínas 12 g

○ Hidratos de carbono 67 g
Fibra 2 g

○ Total de grasas 10 g
Grasas saturadas 1 g
Grasas poliinsaturadas 2 g
Grasas monoinsaturadas 6 g

○ Colesterol 0 mg

○ Sodio 287 mg

CONSEJO PARA LA PREPARACIÓN

Evitar pelar las berenjenas porque la piel ayuda a retener la forma de los cubos y destaca la apariencia del plato.

Preparación: 45 minutos
Porciones: 4

PASTAS CON HIERBAS FRESCAS Y QUESO COTTAGE

Las cebollitas tienen propiedades tanto purgantes como curativas y pueden ayudar a reducir los niveles de colesterol en sangre.

INFORMACIÓN NUTRICIONAL POR PORCIÓN:

○ Calorías 340

○ Proteínas 18 g

○ Hidratos de carbono 58 g
Fibra 3 g

○ Total de grasas 6 g
Grasas saturadas 1 g
Grasas poliinsaturadas 1 g
Grasas monoinsaturadas 3 g

○ Colesterol 3 mg

○ Sodio 243 mg

CONSEJO PARA LA PREPARACIÓN

Este plato es igualmente delicioso si se lo sirve frío. Incorporar el queso y el resto de los ingredientes sobre la pasta caliente. Dejar enfriar, luego refrigerar antes de servir.

Preparación: 20 minutos
Porciones: 4

EL QUESO *COTTAGE* (REQUESÓN), PRÁCTICAMENTE SIN GRASAS, ES UN INGREDIENTE ÚTIL EN LA COCINA PARA CARDÍACOS. CUENTA CON UN AROMA PENETRANTE Y UNA TEXTURA CREMOSA QUE TAMBIÉN HUMECTA ENSALADAS Y EMPAREDADOS.

300 g de tagliatelle
1 cucharada de aceite de oliva
250 g de queso cottage (requesón) casi sin grasas
4 cebollitas, finamente picadas
un pequeño puñado de perejil común fresco, picado
sal y pimienta negra recién molida, a gusto

1 Cocinar la pasta según las instrucciones del fabricante, luego colar.

2 Calentar el aceite en una cacerola, luego añadir la pasta y revolver hasta que se haya bañado en aceite. Agregar los ingredientes restantes y reservar un poco del perejil para decorar. Mezclar bien. Calentar y servir una vez espolvoreado el perejil.

VARIANTE

Pastas con hierbas frescas y ajo Reemplazar el queso *cottage* por un diente de ajo triturado y una cucharada de aceite de oliva.

INFORMACIÓN NUTRICIONAL POR PORCIÓN:

○ Calorías 420

○ Proteínas 23 g

○ Hidratos de carbono 65 g
Fibra 5 g

○ Total de grasas 10 g
Grasas saturadas 1 g
Grasas poli-insaturadas 2 g
Grasas mono-insaturadas 6 g

○ Colesterol 26 mg

○ Sodio 200 mg

CONSEJO PARA LA PREPARACIÓN

Para reducir el contenido en sal de las alcaparras, remojarlas en agua caliente durante 20 minutos, luego colar y enjuagar bien.

Preparación: 50 minutos
Porciones: 4

TAGLIATELLE CON SALSA DE ATÚN

EL ATÚN EN CONSERVA ES UN ELEMENTO ÚTIL PARA TENER EN LA ALACENA, PERO ES NECESARIO ASEGURARSE DE COMPRAR UNA VARIEDAD CON BAJO CONTENIDO EN SAL. BUSCAR ATÚN EN AGUA EN LUGAR DE SALMUERA. SERVIR ESTE PLATO CON UNA ENSALADA VERDE.

2 cucharadas de aceite de oliva
1 cucharadita de semillas de hinojo (opcional)
1 cebolla grande, picada
3 dientes de ajo, picados
500 g de tomates, pelados, sin semillas y picados
2 cucharadas de puré de tomate, diluido en 100 ml de vino tinto o blanco,
caldo (ver páginas 118-119) o agua
ramillete de hierbas preparado con unas ramitas de tomillo fresco,
hojas de hinojo, perejil y dos tiras de ralladura de limón
300 g de tagliatelle
200 g de atún en conserva, en agua, escurrido y desmenuzado
2 cucharaditas de alcaparras, escurridas y cortadas en trozos grandes
(enteras si son pequeñas)
3 cucharadas de perejil fresco, picado
o 2 cucharadas de tomillo fresco o estragón
sal y pimienta negra recién molida, a gusto

1 Calentar el aceite en una sartén grande. Añadir las semillas de hinojo, en caso de utilizarlas, y freír durante 2-3 minutos o hasta que desprendan su aroma característico. Agregar la cebolla y el ajo. Luego cocinar durante 5 minutos o hasta que la cebolla esté tierna. Si la mezcla se reseca demasiado, agregar 1-2 cucharadas de agua.

2 Añadir los tomates, la mezcla de puré de tomate y el ramillete de hierbas. Llevar a hervor, bajar el fuego y cocinar durante 30 minutos o hasta que la mayor parte del líquido se haya consumido.

3 Cocinar las pastas según las instrucciones del fabricante y luego colar.

4 Añadir a la salsa de tomate el atún, las alcaparras y el perejil. Condimentar y seguir cociendo durante aproximadamente 2-3 minutos para permitir que se intensifiquen los sabores. Incorporar la salsa a los *tagliatelle* cocidos antes de servir.

BACALAO CON SALSA DE TOMATE Y PIMIENTO

LOS COLORIDOS TOMATES, PIMIENTOS Y PEREJIL REALZAN LA APARIENCIA Y EL VALOR NUTRITIVO DE ESTE PLATO FÁCIL DE PREPARAR. SERVIRLO CON HORTALIZAS VERDES COMO JUDÍAS (CHAUCHAS).

zumo de 2 limones, la ralladura de uno y un poco más para decorar
4 filetes de abadejo o bacalao, de 175 g cada uno
2 cucharadas de aceite de oliva
sal y pimienta negra recién molida, a gusto

PARA LA SALSA
4 tomates perita, pelados, sin semillas y finamente picados
1 pimiento amarillo o verde, sin semillas y finamente picado
1 puerro, finamente picado
1 cebolla, finamente picada
1-2 chiles picantes verdes, sin semillas y finamente picados
1 diente de ajo, finamente picado
un puñado de perejil común fresco, finamente picado

1 Colocar el zumo de limón y la ralladura en una fuente, luego añadir el pescado. Darlo vuelta una vez para humedecer ambos lados. Tapar y refrigerar durante 30 minutos.

2 Mezclar los ingredientes de la salsa. Reservar un poco de perejil.

3 Precalentar el horno a 200º C (Indicador en 7). Aceitar una placa para horno y disponer el pescado sobre ella. Colocar la salsa sobre los filetes y condimentar. Rociar con la marinada y el aceite restante. Hornear durante 20 minutos hasta que esté tierno. Decorar con la ralladura de limón y el perejil.

★ INGREDIENTE SALUDABLE
Los tomates son una buena fuente de vitamina E y C, y también contienen un tipo de antioxidante que puede prevenir trastornos cardíacos.

INFORMACIÓN NUTRICIONAL POR PORCIÓN:

- Calorías 230
- Proteínas 31 g
- Hidratos de carbono 6 g
  Fibra 2 g
- Total de grasas 9 g
  Grasas saturadas 1 g
  Grasas poliinsaturadas 1 g
  Grasas monoinsaturadas 6 g
- Colesterol 68 mg
- Sodio 159 mg

CONSEJO PARA LA PREPARACIÓN
En lugar de abadejo, pueden emplearse otros pescados, como bacalao y trucha.

Preparación: 40 minutos, más 30 minutos para marinar
Porciones: 4

PLATOS PRINCIPALES

Esta selección de recetas innovadora incorpora todos los requisitos nutricionales necesarios para preservar la salud del corazón y del cuerpo. Servirlas con ensaladas frescas, verduras cocidas al vapor o simples platos de cereales.

HALIBUT AL HORNO CON MANZANAS

SE TRATA DE UN PESCADO MAGRO DE CARNE FIRME QUE, AL SER COCIDO AL HORNO CON MANZANAS Y VINO BLANCO, RETIENE SU TEXTURA HÚMEDA Y SUS VALIOSOS NUTRIENTES. PUEDE SERVIRSE CON PATATAS (PAPAS) Y BRÓCOLI O JUDÍAS (CHAUCHAS) VERDES AL VAPOR.

zumo y ralladura de 1 limón, o zumo de 2 limas y ralladura de 1 lima
4 filetes de halibut (hipogloso), de 175 g cada uno
1 y 1/2 cucharada de aceite de oliva
2 manzanas Granny Smith, sin semillas y cortadas en rodajas de 5 mm
2 cebollas, en rodajas finas
1 pimiento colorado grande, sin semillas y cortado en rodajas finas
1-2 chiles picantes colorados o verdes, sin semillas
y en rodajas finas (opcional)
4 cucharadas de perejil común fresco picado o eneldo
sal y pimienta negra recién molida, a gusto
4 cucharadas de vino blanco seco

1 Colocar el zumo de limón y la ralladura en una fuente, luego añadir el pescado. Darlo vueltas en el zumo para humedecer ambos lados. Tapar y refrigerar durante 30 minutos.

2 Precalentar el horno a 220º C (Indicador en 7). Rociar una placa para horno con un poco de aceite. Disponer la mitad de las manzanas en el fondo de la fuente, luego cubrir con la mitad de las cebollas y los pimientos.

3 Colocar el pescado arriba. Reservar la marinada y esparcir los chiles, de utilizarlos, y la mitad del perejil. Repetir con otra capa de cebollas y pimientos, y finalmente las manzanas, y luego condimentar.

4 Verter la marinada reservada, el vino y el aceite restante sobre las manzanas. Hornear durante 15-20 minutos más. Humedecer el pescado de vez en cuando con alguno de los zumos. Retirar del horno y dejar enfriar un rato. Esparcir el resto de perejil antes de servir.

✱ INGREDIENTE SALUDABLE

Las manzanas contienen quercetina, que puede prevenir las enfermedades cardíacas, así como también pectina, que baja los niveles de colesterol en sangre.

INFORMACIÓN NUTRICIONAL POR PORCIÓN:

○ Calorías 295

○ Proteínas 39 g

○ Hidratos de carbono 12 g
Fibra 3 g

○ Total de grasas 9 g
Grasas saturadas 1 g
Grasas poliinsaturadas 2 g
Grasas monoinsaturadas 5 g

○ Colesterol 61 mg

○ Sodio 113 mg

CONSEJO PARA LA PREPARACIÓN

Si no se consigue halibut, pueden utilizarse otros pescados como el rape, el tiburón o el bacalao.

Preparación: 40 minutos, más 30 minutos para marinar.
Porciones: 4

ARENQUES ADOBADOS

COMO OTROS PESCADOS, EL ARENQUE ES RICO EN ÁCIDOS GRASOS

OMEGA-3, QUE REDUCEN EL RIESGO DE TRASTORNO CARDIOVASCULAR.

ESTE PLATO SE BASA EN UNA CLÁSICA RECETA INGLESA Y SE LO

ACOMPAÑA MEJOR CON UNA ENSALADA Y PATATAS (PAPAS).

1 cebolla, en rodajas finas
4 arenques, cada uno de alrededor de 225 g,
sin tripas, espinas ni cabeza.
4 cucharaditas de mostaza inglesa
4 cucharaditas de azúcar morena
4 cucharadas de perejil fresco picado
1 hoja de laurel
10 granos de pimienta negra
4 clavos
1-2 chiles picantes pequeños secos (opcional)
3 cucharadas de vinagre de vino blanco
sal, a gusto

① Precalentar el horno a 200º C (Indicador en 6). Colocar la cebolla en un recipiente pequeño y cubrir con agua hirviendo. Dejar reposar durante 1 minuto, luego escurrir. Sumergir la cebolla en agua fría, escurrir bien y apartar.

② Escurrir los arenques y abrirlos sobre una tabla, con el lado de la piel hacia abajo. Esparcir la mostaza sobre la carne y espolvorear el azúcar. Dividir las cebollas preparadas entre los arenques y esparcir el perejil. Envolver los arenques, con el extremo de la cabeza primero, hasta formar rollos gruesos y ajustar cada uno con una brocheta de madera.

③ Disponer los rollos de pescado en una placa para horno, luego esparcir sobre ellos las hierbas y especias. Verter el vino y el vinagre sobre el pescado y luego condimentar. Cubrir con papel metalizado y hornear durante 25 minutos.

④ Subir la temperatura a 230º C (Indicador en 8). Retirar el papel metalizado y hornear. Humedecer el pescado con frecuencia utilizando el propio zumo durante 10-15 minutos más, hasta que los arenques estén tiernos y se haya reducido el zumo. Dejar reposar durante 10 minutos aproximadamente antes de servir.

✳ INGREDIENTE SALUDABLE

Los arenques contienen ácidos grasos omega-3, que pueden ayudar a reducir los niveles de colesterol en el cuerpo. Además de reducir el riesgo de sufrir ataques cardíacos, estos aceites beneficiosos pueden bajar la presión arterial.

INFORMACIÓN NUTRICIONAL POR PORCIÓN:

- ○ Calorías 270
- ○ Proteínas 21 g
- ○ Hidratos de carbono 8 g
  Fibra 1 g
- ○ Total de grasas 15 g
  Grasas saturadas 4 g
  Grasas poliinsaturadas 3 g
  Grasas monoinsaturadas 7 g
- ○ Colesterol 55 mg
- ○ Sodio 139 mg

CONSEJO PARA SERVIR

Este plato resulta delicioso si se lo sirve frío y puede prepararse el día anterior. Guardar tapado en el refrigerador y retirar una hora antes de servir.

Preparación: 60 minutos, más 10 minutos para dejar reposar.
Porciones: 4

CABALLA CON SALSA DE CÍTRICOS A LA PARRILLA

LA CABALLA DESEMPEÑA UN PAPEL IMPORTANTE EN LA COCINA PARA ENFERMOS CARDÍACOS YA QUE CONTIENE VALIOSOS ÁCIDOS GRASOS OMEGA-3, QUE AYUDAN A BAJAR LOS NIVELES DE COLESTEROL EN SANGRE. SERVIR ESTE PLATO CON UNA COMBINACIÓN DE ARROZ BLANCO Y DE LA INDIA.

4 filetes de caballa, de 100 g cada uno, aproximadamente
zumo de 1 limón y una cucharadita de ralladura
2 cucharaditas de pimentón (páprika)
hojas de menta fresca, para decorar

PARA LA SALSA
2 naranjas, en gajos cortados en trozos de 1 cm
2 limones grandes, en gajos cortados en trozos de 1 cm
1/2 o 1 cucharadita de chile picante molido
1 cucharada de menta o perejil fresco picado
sal y pimienta negra recién molida

1 Mezclar los ingredientes de la salsa. Tapar y refrigerar durante al menos una hora para permitir que se intensifiquen los sabores.

2 Colocar el pescado en una fuente y esparcir el zumo de limón y la ralladura, frotándolos con la carne. Tapar y refrigerar 30 minutos.

3 Calentar la parrilla al máximo. Rociar la páprika, en caso de utilizarla, sobre cada filete, y cocinar a la parrilla durante 3-4 minutos de cada lado, hasta que esté tierno. Servir con la salsa de cítricos y decorar con las hojas de menta.

VARIANTE

Caballa al horno La caballa puede hornearse en lugar de cocinarse a la parrilla. Precalentar el horno a 220º C (Indicador en 7). Seguir los pasos 1 y 2 indicados arriba, luego colocar los filetes de pescado en una placa para horno ligeramente aceitada y espolvorear la páprika sobre cada filete. Con una cuchara, esparcir la salsa de cítricos sobre los filetes. Cocinar en el horno precalentado durante 10-15 minutos hasta que el pescado esté tierno. Servir decorado con las hojas de menta.

✴ INGREDIENTE SALUDABLE

Las naranjas son una de las fuentes más conocidas de vitamina C, pueden ayudar a prevenir el daño celular y, en consecuencia, reducir el riesgo de sufrir de una enfermedad cardiovascular.

INFORMACIÓN NUTRICIONAL POR PORCIÓN:

○ Calorías 270

○ Proteínas 21 g

○ Hidratos de carbono 10 g
  Fibra 1 g

○ Total de grasas 17 g
  Grasas saturadas 4 g
  Grasas poliinsaturadas 4 g
  Grasas monoinsaturadas 8 g

○ Colesterol 54 mg

○ Sodio 86 mg

CONSEJO PARA LA PREPARACIÓN

La páprika aporta un sabor característico a los filetes de caballa, pero si se prefiere, puede omitirse.

Preparación: 30 minutos, más una hora para marinar.
Porciones: 4

SARDINAS A LA PARRILLA CON SALSA DE CHILES Y TOMATE

LAS SARDINAS FRESCAS POSEEN UN GRAN SABOR Y MUCHOS ÁCIDOS GRASOS OMEGA-3 SALUDABLES, QUE AYUDAN A BAJAR LOS NIVELES DE COLESTEROL EN SANGRE, LO QUE REDUCE EL RIESGO DE TRASTORNOS CARDIOVASCULARES. LA SALSA PICANTE AGREGA UN SABOR PARTICULAR.

4 sardinas, de 175 g cada una, sin tripas ni espinas
zumo y ralladura de 1 limón

PARA LA SALSA
4 tomates perita, pelados, sin semillas y finamente picados
1 cebolla pequeña colorada o blanca, finamente picada
1 o 2 dientes de ajo, triturados
1 o 2 chiles picantes verdes, sin semillas y finamente picados
un puñado de perejil común fresco, de eneldo o menta, picados
zumo de 1 limón y 1/2 cucharadita de ralladura
sal y pimienta negra recién molida, a gusto

1 Efectuar tres cortes profundos a los lados de cada sardina. Colocar el pescado en una fuente y rociar con el zumo y la ralladura de limón. Frotarlos contra la piel y la carne. Tapar y refrigerar durante 30 minutos.

2 Mezclar los ingredientes de la salsa en un recipiente. Tapar y refrigerar durante 30 minutos para permitir que los sabores se intensifiquen.

3 Calentar la parrilla al máximo. Cocinar las sardinas durante 3-4 minutos de cada lado, hasta que estén tiernas y doradas. Servir con la salsa.

VARIANTE
Sardinas marinadas Mezclar 1 cucharada de salsa de soja reducida en sal, zumo de 1 lima o limón, más una cucharadita de ralladura, 1 ramita de hierba limón, pelada y finamente picada, 3 cebollitas, finamente picadas y 5 cucharadas de vino de arroz o jerez seco. Seguir el paso 3 anterior, luego verter la marinada sobre las sardinas calientes, cocidas a la parrilla. Dejar enfriar y servir con la salsa.

✳ INGREDIENTE SALUDABLE
Como otros cítricos, los limones son ricos en vitamina C y potasio, que regula la presión arterial. Se considera que la pectina de limón, que se encuentra principalmente en la piel alrededor de cada gajo, ayuda a reducir los niveles de colesterol en sangre.

INFORMACIÓN NUTRICIONAL POR PORCIÓN:

○ Calorías 225

○ Proteínas 28 g

○ Hidratos de carbono 3 g
　Fibra 1 g

○ Total de grasas 11 g
　Grasas saturadas 3 g
　Grasas poliinsaturadas 4 g
　Grasas monoinsaturadas 3 g

○ Colesterol 105 mg

○ Sodio 156 mg

CONSEJO PARA SERVIR
Este plato se acompaña mejor con rebanadas de pan integral de buena calidad.

Preparación: 20 minutos, más 30 minutos para marinar.
Porciones: 4

DISCOS DE PESCADO A LA PLANCHA CON SALSA DE PEPINO

ESTOS PASTELES DELICIOSOS, LIGERAMENTE CONDIMENTADOS CON ESPECIAS, SON UNA COMBINACIÓN NUTRITIVA DE PESCADOS BLANCOS Y GRASOS. SERVIRLOS CON PATATAS (PAPAS), ARROZ O PASTAS.

150 g de filetes de caballa, sin piel y cortados en trozos
200 g de filetes de merluza, sin piel y cortados en trozos
4 cebollitas, finamente picadas
1 chile picante colorado, sin semillas y finamente picado
1 diente de ajo, triturado
100 g de arroz o cebada cocidos
4 cucharadas de pan ázimo o pan rallado
1 clara de huevo
1 cucharadita de ralladura fina de limón
sal y pimienta negra recién molida, al gusto
1 cucharada de aceite de oliva

PARA LA SALSA
1 pepino, sin semillas y finamente picado
1 diente de ajo, triturado
1 o 2 chiles, sin semillas y finamente picados
1 ramita de hierba limón, pelada y finamente picada
zumo de 2 limones, más 1/2 cucharadita de ralladura
2 cucharadas de cilantro fresco picado

1 Mezclar los ingredientes de la salsa en un recipiente. Tapar y refrigerar durante 30 minutos para que los sabores se intensifiquen.

2 Colocar el pescado en una batidora hasta picar bien, pero sin llegar a hacer puré. En un recipiente, mezclar con los ingredientes restantes, excepto el aceite. Tapar y refrigerar durante 30 minutos. Dividir la mezcla en ocho porciones y, con las manos, moldear cada una con forma de disco.

3 Calentar la parrilla al máximo. Rociar los discos con el aceite y cocinar a la parrilla durante unos 5 minutos de cada lado, hasta que estén dorados. (Como alternativa, cocinarlos a la plancha durante el mismo tiempo.) Servir con la salsa.

✶ INGREDIENTE SALUDABLE
La merluza es una fuente excelente de proteínas con bajo contenido graso. Tanto los pescados blancos como los grasos deberían ser una parte regular de una dieta saludable.

INFORMACIÓN NUTRICIONAL POR PORCIÓN:

○ Calorías 250

○ Proteínas 20 g

○ Hidratos de carbono 19 g
   Fibra 1 g

○ Total de grasas 12 g
   Grasas saturadas 2 g
   Grasas poliinsaturadas 3 g
   Grasas monoinsaturadas 6 g

○ Colesterol 32 mg

○ Sodio 96 mg

CONSEJOS PARA LA PREPARACIÓN
Pueden emplearse otros tipos de pescado, pero es importante escoger de entre dos variedades: un pescado graso, como el atún o el salmón; y un pescado blanco magro, como la brema (besugo), el halibut o el bacalao.

Preparación: 25 minutos, más 30 minutos para enfriar.
Porciones: 4

INFORMACIÓN NUTRICIONAL POR PORCIÓN:

○ Calorías 235

○ Proteínas 36 g

○ Hidratos de carbono 3 g
  Fibra 2 g

○ Total de grasas 9 g
  Grasas saturadas 1 g
  Grasas poliinsaturadas 4 g
  Grasas monoinsaturadas 3 g

○ Colesterol 140 mg

○ Sodio 236 mg

CONSEJO PARA LA PREPARACIÓN
Para que el pescado sea aún más aromático, añadir al agua una rama pequeña de canela, 2 granos de anís estrellado y una ramita de hierba limón finamente picada.

Preparación: 20 minutos
Porciones: 4

LUBINA CHINO AL VAPOR

ESTE ES UN PLATO CLÁSICO INSPIRADO EN LA COCINA CHINA. UN PLATO PRINCIPAL SIMPLE Y ATRACTIVO PARA UNA CENA ESPECIAL. ESTÁ CONDIMENTADO CON JENGIBRE, AJO Y CEBOLLITAS, Y RESULTA EXCELENTE SERVIDO CON FIDEOS O ARROZ.

4 filetes de lubina, de unos 175 g cada uno
4 cebollitas, cortada en finas tiras
1 zanahoria, cortada en tiras finas
un trozo de jengibre fresco de 2,5 cm, cortado en tiras finas
1 chile colorado poco picante, sin semillas y cortado en finas tiras
2 cucharaditas de salsa de soja reducida en sal
1 cucharadita de mirin (vino dulce japonés)
2 cucharaditas de sake o jerez seco
2 cucharadas de semillas de sésamo, tostadas en una sartén seca

① Colocar el pescado en el plato de una vaporera. Disponer las verduras, el jengibre y el chile picante sobre cada filete. Luego, con una cuchara, esparcir la salsa de soja, el *mirin* (vino dulce japonés hecho a base de arroz) y el *sake*. Tapar y cocer al vapor durante 10 minutos o hasta que el pescado esté tierno y se separe en láminas.

② Colocar el pescado y las verduras, junto con el fondo de cocción, en un plato caliente. Esparcir las semillas de sésamo sobre el pescado antes de servir. (Las semillas también pueden esparcirse sobre los fideos o el arroz preparados como acompañamiento.)

VARIANTE

Pollo chino al vapor Reemplazar el lubina por 4 pechugas de pollo sin piel, cada una de unos 125 g, cortadas en tiras, y la zanahoria, por un pimiento colorado, sin semillas y cortado en tiras. Colocar el pollo en el plato de una vaporera. Tapar y cocinar al vapor durante 10 minutos. Retirar del fuego y disponer las verduras encima del pollo, luego, con una cuchara, esparcir la salsa de soja, el *mirin* y el *sake*. Tapar y cocer al vapor durante 5-10 minutos, hasta que el pollo y las verduras estén tiernos. Para servir el pollo, seguir el paso 2 anterior.

RAPE AL CURRY CON CILANTRO

LA MAYORÍA DE LOS PECES DE CARNE FIRME Y BLANCA RESULTAN
ADECUADOS PARA ESTE CURRY CREMOSO. SERVIR CON ARROZ BASMATI
COMÚN, TRIGO BURGOL O FIDEOS.

1 cucharadita de semillas de hinojo molidas
1 cucharadita de cilantro molido
zumo y ralladura de 1 lima
500 g de rape, en cubos del tamaño de un bocado
1 cebolla grande, picada gruesa
4 dientes de ajo, picados
un trozo de 2,5 cm de jengibre fresco, pelado y picado
1 o 2 chiles picantes verdes, sin semillas y picados grandes
1 cucharada de aceite de girasol
1/2 cucharadita de semillas de hinojo
1 trozo de rama de canela de 2,5 cm
1 hoja de laurel
300 ml de caldo de pescado o pollo (ver páginas 118-119)
o de vino blanco
100 ml de yogur descremado (desnatado)
pimienta negra recién molida, a gusto
cilantro fresco, para decorar

1 Mezclar las especias, el zumo y ralladura de lima en una fuente. Añadir el pescado. Darlo vuelta en la mezcla. Tapar y refrigerar durante 30 minutos.

2 Colocar la cebolla, el ajo, el jengibre y los chiles picantes en una procesadora, y mezclar hasta obtener una pasta suave. Calentar el aceite en una cacerola. Agregar las semillas de hinojo, la rama de canela y la hoja de laurel, y cocinar durante 1 minuto a fuego moderado. Agregar la pasta de especias a la cacerola y cocinar. Revolver durante unos 5 minutos o hasta que la mezcla comience a tomar color.

3 Agregar el caldo y cocinar durante aproximadamente 20 minutos o hasta que la mezcla se haya espesado. Revolver a menudo.

4 Añadir el pescado con su marinada, luego bajar el fuego y calentar durante 10 minutos o hasta que el pescado esté tierno. Incorporar el yogur y el condimento, y seguir cocinando. Decorar con el cilantro antes de servir.

✳ INGREDIENTE SALUDABLE

Las especias pueden contribuir a la digestión y ayudan a regular el metabolismo. Se considera que las semillas de hinojo son antiespasmódicas y diuréticas.

INFORMACIÓN NUTRICIONAL POR PORCIÓN:

○ Calorías 150

○ Proteínas 25 g

○ Hidratos de carbono 4 g
  Fibra 1 g

○ Total de grasas 5 g
  Grasas saturadas 1 g
  Grasas poliinsaturadas 3 g
  Grasas monoinsaturadas 1 g

○ Colesterol 18 mg

○ Sodio 77 mg

CONSEJOS PARA LA PREPARACIÓN

Experimentar con distintos tipos de pescado: los pescados blancos, incluyendo el bacalao o el hipogloso, o pescados grasos azules como la caballa o el salmón, constituyen deliciosas alternativas del rape. Recordar retirar la rama de canela y la hoja de laurel antes de servir el curry.

Preparación: 50 minutos
Porciones: 4

SALMÓN AHUMADO AL TÉ

EL AHUMADO CALIENTE ES UN MÉTODO DE COCCIÓN SIMPLE Y LIBRE
DE GRASAS QUE NO REQUIERE DE NINGÚN ELEMENTO ESPECIAL Y SE
ADECUA A LA MAYORÍA DE LOS PESCADOS. ESTE PLATO AROMÁTICO
PUEDE SERVIRSE CON PATATAS (PAPAS) Y UNA ENSALADA.

4 filetes de salmón, de unos 125 g cada uno
zumo de 1/2 limón, 1/2 cucharadita de ralladura
y 2 tiras de corteza de limón
pimienta negra recién molida, al gusto
2 cucharadas de hojas de té negro
4-5 granos de anís estrellado, triturados
1-2 ramas de canela, trituradas
unos ramitos de tomillo y romero frescos

1 Rociar el pescado con el zumo de limón y la ralladura. Tapar y
refrigerar durante aproximadamente 1 hora.

2 Forrar una cacerola vieja, grande y con tapa o *wok* con una capa de
papel metalizado grueso y colocar la pimienta, las hojas de té, el anís, la
canela, el tomillo y el romero. Apoyar una rejilla de alambre dentro de
la cacerola, luego disponer el pescado encima. Fijar la tapa.

3 Colocar la cacerola sobre fuego alto hasta que empiece a humear.
Bajar el fuego al mínimo y ahumar durante 10-15 minutos, hasta que el
pescado esté tierno. Apagar el fuego y dejar enfriar, con la tapa puesta,
por unos 5 minutos.

VARIANTE

Pollo ahumado al té Marinar 4 pechugas de pollo sin piel,
deshuesadas, de unos 125 g cada una, en el zumo de limón como se
indica arriba en el paso 1. Luego cocer el pollo al vapor durante 10
minutos, hasta que esté tierno. Preparar la cacerola como se describe
en el paso 2 anterior, reemplazando el pescado por el pollo. Fijar la
tapa. Seguir el paso 3 indicado arriba, cocinar el pollo durante 20-25
minutos, hasta que esté tierno y humeante.

✴ INGREDIENTE SALUDABLE

El salmón es un pescado graso
rico en grasas insaturadas, en
particular ácidos grasos omega-
3, que pueden reducir el riesgo
de contraer enfermedades
cardiovasculares.

**INFORMACIÓN NUTRICIONAL
POR PORCIÓN:**

○ Calorías 230

○ Proteínas 25

○ Hidratos de carbono < 1 g
 Fibra 0 g

○ Total de grasas 14 g
 Grasas saturadas 2 g
 Grasas poliinsaturadas 5 g
 Grasas monoinsaturadas 6 g

○ Colesterol 63 mg

○ Sodio 56 mg

**CONSEJO PARA LA
PREPARACIÓN**

Aunque puede emplearse
cualquier tipo de té, se prefiere
el Lapsang Souchong, ya que
posee un sabor ahumado
maravilloso.

Preparación: 25 minutos
Porciones: 4

CURRY DE POLLO Y ANANÁ

SI BIEN ESTA RECETA SE PREPARA CON ANANÁ (PIÑA), LA PAPAYA ES UNA

ALTERNATIVA ADECUADA, YA QUE AMBAS FRUTAS CONTIENEN UNA

ENZIMA QUE ABLANDA LA CARNE, LO QUE FACILITA SU DIGESTIÓN.

SERVIR ESTE CURRY AROMÁTICO CON ARROZ COMÚN HERVIDO.

INFORMACIÓN NUTRICIONAL POR PORCIÓN:

○ Calorías 245

○ Proteínas 28 g

○ Hidratos de carbono 14 g
　Fibra 1 g

○ Total de grasas 10 g
　Grasas saturadas 2 g
　Grasas poliinsaturadas 4 g
　Grasas monoinsaturadas 4 g

○ Colesterol 96 mg

○ Sodio 119 mg

CONSEJO PARA LA PREPARACIÓN
Si la salsa resulta demasiado acuosa al finalizar el tiempo de cocción, subir el fuego y hacer hervir rápidamente. Revolver a menudo, hasta que se haya espesado.

Preparación: 1 hora, 25 minutos.
Porciones: 4

1 cebolla, picada
3 dientes de ajo
un trozo de 2,5 cm de jengibre fresco, picado
1 ananá (piña) maduro, pelado, sin el centro y picado grande
2-3 chiles picantes colorados, sin semillas y picados
2 cucharaditas de semillas de cilantro, molidas
2 vainas de cardamomo, molidas
1/2 cucharadita de canela molida
1 cucharada de azúcar morena blanda
1 cucharada de aceite de girasol o de oliva de baja graduación,
y un poco más para engrasar
375 ml de agua
6 muslos de pollo sin piel, deshuesados, de unos 75 g cada uno
6 cucharadas de yogur libre de grasas
3-4 cucharadas de cilantro o eneldo fresco, para decorar

1 Precalentar el horno a 230º C (Indicador en 8). Disponer la cebolla, el ajo, el jengibre, el ananá (piña) y los chiles picantes en una placa para horno. Con una cuchara, colocar las especias, el azúcar, el aceite y 4 cucharadas del agua sobre la mezcla. Hornear durante 25 minutos. Dar vuelta la mezcla de tanto en tanto, hasta que empiece a acaramelarse.

2 Calentar una plancha ligeramente aceitada y cocinar el pollo durante 3-4 minutos de cada lado, hasta que esté dorado; luego apartar y mantener caliente.

3 Transferir la mezcla de ananá (piña) a una licuadora y licuar hasta formar un puré suave. Mezclar el agua restante y el yogur; luego colocarlos en la cacerola con la mezcla de ananá (piña).

4 Llevar la mezcla a hervor, luego bajar el fuego. Agregar el pollo y cocinar a fuego lento, sin tapar, durante unos 45 minutos o hasta que la salsa se haya reducido y espesado, y el pollo esté tierno. Decorar con el cilantro antes de servir.

POLLO A LA TANDOORI

EN ESTE TRADICIONAL PLATO HINDÚ, SE MARINAN TROZOS TIERNOS DE
POLLO EN UNA COMBINACIÓN DE YOGUR Y ESPECIAS. CONSTITUYE UNA
COMIDA MARAVILLOSA Y LIGERA QUE PUEDE ACOMPAÑARSE
CON ARROZ Y UNA ENSALADA.

6 dientes de ajo, picados
un trozo de jengibre fresco de 5 cm, picado
250 ml de yogur libre de grasas
zumo de 2 limas y ralladura de 1 lima
2 cucharadas de cilantro molido
1 cucharada de páprika dulce
1 cucharada de cúrcuma
1 o 2 cucharadita de chile picante en polvo
1 cucharadita de canela molida
8 muslos de pollo sin piel, de unos 75 g cada uno
limas en cuartos, para decorar

1 Colocar el ajo y el jengibre en un molinillo de especias o batidora
y triturar hasta obtener una pasta suave. Agregar el yogur, el zumo y la
ralladura de lima y el resto de las especias, y licuar bien.

2 Pinchar todo el pollo con un tenedor. Colocarlo en una placa para
horno. Luego, con una cuchara, colocar dos terceras partes de la pasta
de especias, frotándola bien contra la carne. (Reservar el resto de la
pasta de especias.) Dejar marinar, tapado durante 8-12 horas en el
refrigerador.

3 Precalentar el horno a 200º C (Indicador en 6). Recubrir una placa
para horno con papel metalizado. Colocar el pollo marinado sobre una
rejilla apoyada sobre la placa para horno recubierta con el papel.
Esparcir las pasta de especias restantes y hornear durante 45-60
minutos, hasta que el pollo esté tierno. Servir con los cuartos de lima.

✶ INGREDIENTE SALUDABLE
El jengibre es una especia
aromática que presenta
numerosos beneficios para la
salud. Puede calmar la
indigestión, estimular la
circulación y combatir los resfríos
y la tos en forma efectiva.

**INFORMACIÓN NUTRICIONAL
POR PORCIÓN:**

○ Calorías 245

○ Proteínas 41 g

○ Hidratos de carbono 5 g
  Fibra < 1 g

○ Total de grasas 9 g
  Grasas saturadas 2 g
  Grasas poliinsaturadas 2 g
  Grasas monoinsaturadas 4 g

○ Colesterol 128 mg

○ Sodio 188 mg

CONSEJO PARA SERVIR
Este excelente plato principal
para el almuerzo, también
puede servirse frío como parte
de un buffet.

Preparación: 1 hora, 10
minutos más 8-12 horas para
marinar.
Porciones: 4

POLLO ORIENTAL AL JENGIBRE

LA MARINADA AROMÁTICA DE AJO, JENGIBRE Y ACEITE DE SÉSAMO LE
AÑADE UN SABOR ORIENTAL A ESTE PLATO SIMPLE. SERVIR CON ARROZ
COMÚN O CON FIDEOS Y UNA ENSALADA MIXTA DE HORTALIZAS
DE HOJA.

*4 pechugas de pollo sin piel, deshuesadas, de unos 125 g cada una,
cortadas en tiras de 1cm*
4 cebollitas, finamente desmenuzadas (quitar y guardar las partes verdes)
1 zanahoria, cortada en finas tiras
*100 g de setas (hongos) shiitake, sin los tallos y con los sombreretes cortados en
rodajas finas*
100 g de puntas de espárragos finos o tirabeques
pimienta negra recién molida, a gusto

PARA LA MARINADA
1 o 2 chiles picantes, sin semillas y finamente picados
1 diente de ajo, finamente picado
un trozo de jengibre fresco de 2,5 cm, rallado
1 cucharada de salsa de soja reducida en sal
1 cucharada de azúcar morena blanda o miel
1 cucharada de aceite de sésamo tostado

1 Combinar los ingredientes de la marinada. Colocar el pollo en una
fuente playa, luego agregar la marinada. Dar vuelta el pollo de manera
que penetre en la carne. Tapar y refrigerar durante 30 minutos.

2 Colocar el pollo en el plato de una vaporera. Con una cuchara
esparcir la marinada sobre el mismo. Disponer las verduras, excepto los
espárragos, sobre el pollo, y cocer al vapor durante 15-20 minutos,
hasta que la carne esté tierna.

3 Agregar los espárragos cinco minutos antes de finalizado el tiempo de
cocción, y cocinar hasta que estén apenas tiernos. Condimentar y decorar
el pollo y las verduras con las partes verdes reservadas de las cebollitas.

✱ INGREDIENTE SALUDABLE
Los espárragos son una rica
fuente de folato, que ayuda a
prevenir las enfermedades
cardiovasculares.

**INFORMACIÓN NUTRICIONAL
POR PORCIÓN:**

○ Calorías 230

○ Proteínas 29 g

○ Hidratos de carbono 7 g
  Fibra 1 g

○ Total de grasas 10 g
  Grasas saturadas 2 g
  Grasas poliinsaturadas 3 g
  Grasas monoinsaturadas 4 g

○ Colesterol 106 mg

○ Sodio 292 mg

**CONSEJO PARA LA
PREPARACIÓN**
Probar este plato con gallina de
Guinea en lugar de pollo. Posee
un agradable sabor suave a
carne salvaje.

Preparación: 50 minutos, más
30 minutos para marinar.
Porciones: 4

ALBÓNDIGAS DE POLLO

ESTAS ALBÓNDIGAS DE POLLO Y HIERBAS SE COCINAN AL HORNO EN UNA NUTRITIVA SALSA DE TOMATE CON ESPECIAS. PUEDEN SERVIRSE SOBRE ARROZ SIN BRILLO AL VAPOR O PASTAS CON UNA HORTALIZA DE HOJAS VERDES TAMBIÉN COCIDA AL VAPOR O UNA ENSALADA VERDE.

1 cebolla pequeña, picada
3 tallos de apio, con sus hojas verdes, picados
1 chile picante pequeño, sin semillas y picado
un puñado de perejil fresco, sin los tallos
1-2 ramitos de tomillo, con las hojas finamente picadas
350 g de pollo o pavo picado
75 g de cebada perlada cocida
1 clara de huevo
3-4 cucharadas de pan rallado o pan ázimo seco
sal y pimienta negra recién molida, al gusto
1 cantidad de salsa de tomate (ver página 120)

1 Colocar la cebolla, el apio, el chile picante y el perejil en una procesadora y procesar hasta que estén finamente picados, pero sin llegar a formar un puré.

2 Transferir la mezcla a un recipiente, luego añadir el tomillo, el pollo, la cebada, la clara de huevo, el pan rallado y el aderezo, y mezclar bien. Tapar y refrigerar durante una hora aproximadamente.

3 Precalentar el horno a 200º C (Indicador en 6). Cubrir el fondo de una placa para horno con la mitad de la salsa de tomate. Luego colocar sobre la misma, cucharadas redondas de la mezcla de pollo. Cubrir con la salsa restante y hornear sin tapar durante 30-45 minutos. Mover las albóndigas de tanto en tanto hasta que estén cocidas y tiernas.

✳ INGREDIENTE SALUDABLE

El apio contiene fibra y una gama de vitaminas y minerales que contribuyen a conservar la buena salud.

INFORMACIÓN NUTRICIONAL POR PORCIÓN:

○ Calorías 240

○ Proteínas 24 g

○ Hidratos de carbono 25 g
Fibra 4 g

○ Total de grasas 6 g
Grasas saturadas 2 g
Grasas poliinsaturadas 2 g
Grasas monoinsaturadas 2 g

○ Colesterol 74 mg

○ Sodio 160 mg

CONSEJO PARA LA PREPARACIÓN

Este plato es más apetitoso si se guarda en el refrigerador durante la noche. Guardar tapado y retirar del mismo una hora antes de servir.

Preparación: 55 minutos, más 1 hora para enfriarlo.
Porciones: 4

CASSOULET DE POLLO

ESTE PLATO SUSTANCIOSO ES UNA "COMIDA RECONFORTANTE" IDEAL
PARA LAS FRÍAS NOCHES INVERNALES. LA COMBINACIÓN NUTRITIVA DE
ALUBIAS (POROTOS) CON ALTO CONTENIDO DE FIBRA, AJO, VERDURAS Y
POLLO CONSTITUYE, EN SÍ MISMA, UNA COMIDA COMPLETA..

1 y 1/2 cucharada de aceite de oliva
6 muslos de pollo sin piel y deshuesados, de unos 75 g cada uno,
cortados en trozos del tamaño de un bocado
1 cebolla grande, finamente picada
4 dientes de ajo, picados gruesos
1 zanahoria grande, picada gruesa
5 cucharadas de agua
150 g de champiñones planos o castaños de copa, en rodajas
15 g de setas (hongos) secas, rehidratadas en agua caliente
durante 20 minutos (opcional)
3 cucharadas de tomillo fresco picado, o 1/2 cucharadita de tomillo desecado
200 g de alubias (porotos) secas, cocidas o 400 g de alubias
en conserva en agua
300-400 ml de caldo de pollo o verdura caliente (ver páginas 118-119)
sal y pimienta negra recién molida, a gusto

1 Precalentar el horno a 200° C (Indicador en 6). Calentar el aceite en
una cacerola grande, de doble fondo. Agregar los trozos de pollo y
cocinar a fuego moderado durante 3-4 minutos, hasta que estén
dorados, luego apartar. Añadir la cebolla, el ajo y la zanahoria a la
cacerola y cocinar durante 1-2 minutos más.

2 Incorporar el agua a la cacerola y cocinar las verduras a fuego
moderado durante 5-6 minutos. Revolver ocasionalmente hasta que el
agua se evapore y la cebolla empiece a dorarse. Retirar del fuego, luego
incorporar el pollo y todas las setas.

3 Con una cuchara, colocar una capa de pollo y verduras en una
fuente para horno. Espolvorear un tercio del tomillo y de las alubias
(porotos). Seguir colocando capas hasta haber utilizado todos los
ingredientes.

4 Verter el caldo sobre las capas de ingredientes y condimentar. Tapar
y hornear durante 45 minutos. Revolver de tanto en tanto. Destapar y
hornear durante 10-15 minutos más, hasta que el pollo esté tierno.

✶ INGREDIENTE SALUDABLE
Las alubias (porotos) son una
buena fuente de fibra soluble,
capaces de reducir los niveles de
colesterol en sangre y así
disminuir el riesgo de sufrir una
enfermedad cardiovascular.

**INFORMACIÓN NUTRICIONAL
POR PORCIÓN:**

○ Calorías 346

○ Proteínas 33 g

○ Hidratos de carbono 32 g
  Fibra 10 g

○ Total de grasas 10 g
  Grasas saturadas 2 g
  Grasas poliinsaturadas 2 g
  Grasas monoinsaturadas 6 g

○ Colesterol 64 mg

○ Sodio 211 mg

**CONSEJO PARA LA
PREPARACIÓN**
Si resulta demasiado seco,
añadir caldo o agua adicional al
cassoulet en el paso 4.

Preparación: 1 hora,
20 minutos.
Porciones: 4

POLLO FRITO CON FIDEOS

LA FRITURA CON POCA CANTIDAD DE ACEITE ES UN CLÁSICO MÉTODO
DE COCCIÓN CON BAJO CONTENIDO DE GRASAS Y ES INCREÍBLEMENTE
VERSÁTIL. ESTE PLATO SIMPLE INCLUYE UNA SANA COMBINACIÓN DE
AJO, CHILES, SETAS (HONGOS) SHIITAKE Y BRÓCOLI.

1 cucharada de aceite de girasol o de oliva ligero
1/2 cucharada de aceite de sésamo tostado
4 pechugas de pollo sin piel, deshuesadas, de unos 125 g cada una,
cortadas en tiras de 1 cm
5 cucharadas de agua
4-5 dientes de ajo, en rodajas finas
2-3 chiles, sin semillas y cortados en finas tiras
1 puñado de cebollitas, picadas (reservar las partes verdes para decorar)
150 g de setas (hongos) shiitake, sin los tallos, con los sombreretes
cortados en rodajas gruesas
1 cucharada de salsa de soja reducida en sal
300 ml de caldo de pollo (ver página 119)
1 cucharadita de harina de trigo mezclada con una cucharada de vino blanco
150 g de flores de brócoli, ligeramente cocidas al vapor
250 g de fideos de arroz finos, remojados en agua hirviendo
durante 3 minutos

1 Calentar el aceite de girasol y el de sésamo en una sartén grande. Freír el pollo con poca cantidad de aceite a fuego alto durante 4-5 minutos, hasta que la carne se haya dorado. Retirar de la sartén y mantener caliente.

2 Bajar el fuego a una temperatura media. Agregar el agua y mezclarla con los fondos de cocción. Añadir el ajo, los chiles y las cebollitas. Reservar las partes verdes. Freír con poca cantidad de aceite durante 3-4 minutos, hasta que las cebollas comiencen a ablandarse.

3 Agregar las setas (hongos) *shiitake* y la salsa de soja, y freír durante 2-3 minutos, hasta que se hayan ablandado. Añadir el caldo y dejar hervir. Luego cocinar a fuego suave durante 15 minutos.

4 Subir el fuego, incorporar la mezcla de harina de trigo y llevar a punto de ebullición. Agregar el pollo, el brócoli y los fideos. Cocinar durante 5-6 minutos, hasta que todos los ingredientes se hayan calentado y el pollo esté tierno. Decorar con las partes verdes de las cebollitas antes de servir.

✱ INGREDIENTE SALUDABLE

El brócoli es rico en muchas vitaminas y minerales, en particular los antioxidantes vitamina C y betacaroteno, así como el folato, que previenen las enfermedades cardiovasculares.

INFORMACIÓN NUTRICIONAL POR PORCIÓN:

○ Calorías 460

○ Proteínas 38 g

○ Hidratos de carbono 54 g
Fibra 1 g

○ Total de grasas 10 g
Grasas saturadas 2 g
Grasas poliinsaturadas 4 g
Grasas monoinsaturadas 3 g

○ Colesterol 88 mg

○ Sodio 379 mg

CONSEJO PARA LA PREPARACIÓN

La pechuga de pollo sin piel posee bajo contenido de grasas y, en consecuencia, puede resecarse durante la cocción. Para mantener una textura húmeda, cocinarla rápidamente hasta que esté tierna.

Preparación: 40 minutos
Porciones: 4

FILETES DE VENADO CON SALSA DE PIMIENTOS

UTILIZAR CARNE DE VENADO MAGRA, CON MENOR CONTENIDO GRASO

QUE LA MAYORÍA DE LAS OTRAS CARNES ROJAS. PARA ESTA RECETA,

PUEDEN EMPLEARSE EN FORMA ALTERNATIVA OTRAS CARNES MAGRAS,

SEGÚN EL GUSTO PERSONAL.

1 cucharada de aceite de oliva
2 dientes de ajo, triturados
zumo de 1/2 limón
1 cucharada de mostaza inglesa
1 cucharada de romero fresco picado
4 filetes de venado, de unos 125 g cada uno

PARA LA SALSA
1 pimiento colorado grande, cortado a la mitad, sin rabo ni semillas
1 pimiento amarillo grande, cortado por la mitad, sin rabo ni semillas
1 cucharada de aceite de girasol
1 cebolla roja pequeña, finamente picada
1 diente de ajo, triturado
1-2 chiles picantes, sin semillas y finamente picados (opcional)
2 cucharadas de vinagre de vino
2 cucharadas de tomillo fresco picado
sal y pimienta negra recién molida, a gusto

1 Mezclar el aceite, el ajo, el zumo de limón, la mostaza y el romero hasta formar una pasta espesa. Untar la pasta en forma pareja sobre ambos lados de cada filete. Tapar y refrigerar durante 1 hora.

2 Calentar la parrilla al máximo. Rociar ligeramente los pimientos con el aceite y cocinar a la parrilla durante 5-7 minutos hasta que se tuesten y formen burbujas. Transferirlos a una bolsa plástica y sellar. Dejar reposar durante 5 minutos y luego pelar bajo agua fría corriente y picar finamente.

3 Colocar los pimientos y el resto de los ingredientes de la salsa en un recipiente. Tapar y refrigerar durante 30 minutos. Calentar la parrilla al máximo. Cocinar los filetes 5-6 minutos de cada lado o hasta que estén cocidos, según se prefiera. Servir con la salsa.

★ INGREDIENTE SALUDABLE
Debido a su alto contenido de aceite esencial, el romero fresco se considera beneficioso para todo el sistema nervioso.

INFORMACIÓN NUTRICIONAL POR PORCIÓN:

○ Calorías 300

○ Proteínas 41 g

○ Hidratos de carbono 9 g
   Fibra 3 g

○ Total de grasas 11 g
   Grasas saturadas 2 g
   Grasas poliinsaturadas 4 g
   Grasas monoinsaturadas 5 g

○ Colesterol 88 mg

○ Sodio 103 mg

CONSEJO PARA SERVIR
Servir el venado con una patata al horno y una ensalada verde o verduras al vapor.

Preparación: 35 minutos, más 1 hora para enfriar.
Porciones: 4

HAMBURGUESAS DE VENADO

ESTAS JUGOSAS HAMBURGUESAS SATISFARÁN EL ANTOJO DE CUALQUIER
AMANTE DE LA CARNE. A VECES INCLUYO UN DIENTE DE AJO
TRITURADO EN LA MEZCLA. SERVIR LAS HAMBURGUESAS EN UN
PANECILLO O CON UNA PATATA (PAPA) AL HORNO Y ENSALADA.

350 g de venado picado
1 cebolla, finamente picada
2 tallos de apio, picados
1 zanahoria pequeña, finamente rallada o picada
50 g de trigo burgol, remojado en agua caliente durante 30 minutos,
colado y escurrido
4 cucharadas de perejil de hojas lisas picado, sin los tallos
1 clara de huevo
sal y pimienta negra recién molida, a gusto
1 cucharada de aceite de girasol

PARA DECORAR
2 chalotas, en rodajas finas
4 ramitos de grosellas
hojas de lechuga

★ INGREDIENTE SALUDABLE
El trigo burgol tiene bajo contenido de sodio y alto contenido de hidratos de carbono, por lo que es alimento útil y fundamental para la dieta de cardíacos.

INFORMACIÓN NUTRICIONAL POR PORCIÓN:

○ Calorías 190

○ Proteínas 22 g

○ Hidratos de carbono 14 g
  Fibra 2 g

○ Total de grasas 6 g
  Grasas saturadas 1 g
  Grasas poliinsaturadas 3 g
  Grasas monoinsaturadas 1 g

○ Colesterol 44 mg

○ Sodio 83 mg

CONSEJO PARA LA PREPARACIÓN
Pueden agregársele diferentes verduras como coles (repollitos) de Bruselas, repollos o setas (hongos), o incluso frutas como manzanas y peras.

Preparación: 30 minutos, más 1 hora para enfriar
Porciones: 4

1 Colocar todos los ingredientes, excepto el aceite y la decoración, en un recipiente grande, y amasar hasta que se unan bien. (Como alternativa, esto puede hacerse en una procesadora con el accesorio para batir o amasar.) Tapar y refrigerar durante 1 hora aproximadamente.

2 Calentar la parrilla al máximo. Dividir la mezcla en 4 porciones iguales, luego darles forma de hamburguesa de unos 2,5 cm de espesor. Rociar ligeramente cada una con el aceite y cocinar a la parrilla durante 5-8 minutos de cada lado hasta que se doren. (Como alternativa, cocinar a la plancha durante la misma cantidad de tiempo.) Decorar con las chalotas, los ramitos de grosella y las hojas de lechuga.

VARIANTE

Hamburguesas de pollo Reemplazar el venado por 350 g de pollo o pavo picado. Aumentar la cantidad de trigo molido a 75 g y aderezar la mezcla con 2 ramitas de hierba limón, peladas y finamente picadas y 1-2 chiles picantes, sin semillas y finamente picados. Reemplazar el perejil por 4 cucharadas de cilantro fresco picado.

✳ INGREDIENTE SALUDABLE

Las chalotas contienen
compuestos de azufre que
pueden ayudar a controlar los
niveles de colesterol, así como
también quercetina, que puede
prevenir las enfermedades
cardiovasculares.

**INFORMACIÓN NUTRICIONAL
POR PORCIÓN:**

○ Calorías 280

○ Proteínas 32 g

○ Hidratos de carbono 16g
  Fibra 2g

○ Total de grasas 10 g
  Grasas saturadas 3 g
  Grasas poliinsaturadas 3 g
  Grasas monoinsaturadas 4 g

○ Colesterol 66 mg

○ Sodio 159 mg

**CONSEJO PARA LA
PREPARACIÓN**

Esta receta puede prepararse
con venado, pollo o pavo.

Preparación: 1 hora, 15
minutos, más 30 minutos para
marinar
Porciones: 4

RAGÚ DE CONEJO

LA CARNE DE CONEJO TIENE LA VENTAJA DE POSEER MUY BAJO
CONTENIDO DE GRASAS. SE RECOMIENDA SERVIR ESTE DELICIOSO
GUISO CON ARROZ O PASTAS O CON TROZOS DE PAN INTEGRAL.

*2 cucharadas de zumo de limón
ralladura de 1/2 naranja
1 cucharada de aceite oliva
500 g patas de conejo deshuesadas, en trozos del tamaño de un bocado
6 chalotas pequeñas, en cuartos
6 dientes de ajo grandes, en cuartos
3 tallos de apio, finamente picados
zumo de 2 naranjas
300 ml de caldo de pollo o verdura (ver páginas 118-119)
ramillete de hierbas compuesto por 3 ramitas de tomillo,
2 ramitas de romero y 1 hoja de laurel
sal y pimienta negra recién molida, a gusto
100 g de ciruelas secas
tomillo fresco, para decorar*

1 Unir el zumo de limón, la ralladura de naranja y la mitad del aceite.
Luego, verter la mezcla sobre el conejo en una fuente. Dar vuelta la carne en
la marinada. Tapar y refrigerar durante 30 minutos.

2 Calentar una cacerola con fondo doble a fuego moderado y freír el
conejo durante 8 minutos. Dar vuelta de tanto en tanto hasta dorar. Apartar
y mantener caliente. Calentar el aceite restante en la cacerola. Añadir las
chalotas, el ajo y el apio, y freír durante cinco minutos o hasta que se doren.
Agregar el zumo de naranja, el caldo, el ramillete de hierbas y los aderezos.
Hervir y luego bajar el fuego y calentar a fuego lento durante dos minutos.
Agregar el conejo y hacer hervir rápidamente. Mover los trozos de conejo en
el líquido y luego condimentar.

3 Bajar el fuego y agregar las ciruelas secas. Tapar y calentar a fuego lento
durante 45 minutos o hasta que el conejo esté tierno. Retirar la espuma.
Apartar el conejo y mantener caliente. Quitar y desechar el ramillete de
hierbas, luego llevar el líquido nuevamente al punto de ebullición y dejar
hervir durante 8-10 minutos hasta que el líquido se haya reducido a la
mitad. Volver a colocar el conejo en la cacerola y continuar con la cocción.
Decorar con el tomillo antes de servir.

★ **INGREDIENTE SALUDABLE**

La coliflor es una hortaliza colmada de valiosos nutrientes entre los que se encuentran los siguientes: potasio, fibra, vitaminas C y E, folato y betacaroteno, que en conjunto pueden ayudar a prevenir las enfermedades cardiovasculares.

INFORMACIÓN NUTRICIONAL POR PORCIÓN:

○ Calorías 130

○ Proteínas 5 g

○ Hidratos de carbono 18 g
  Fibra 4

○ Total de grasas 6 g
  Grasas saturadas 1 g
  Grasas poliinsaturadas 2 g
  Grasas monoinsaturadas 3 g

○ Colesterol 0 mg

○ Sodio 111 mg

Preparación: 35 minutos
Porciones: 4

SABROSO CURRY DE VERDURAS

ESTE CURRY SE BASA EN UNA RECETA CLÁSICA Y SE ACOMPAÑA MEJOR CON ARROZ CUBIERTO POR UNA CUCHARADA DE YOGUR CON BAJO CONTENIDO GRASO.

1 cebolla, finamente picada

4 dientes de ajo, picados

un trozo de 2,5 cm de jengibre fresco, picado

1 zanahoria, picada gruesa

1 cucharada de aceite de cacahuete (maní)

2 chiles picantes colorados, sin semillas y picados

1 cucharada de semillas de mostaza

4 vainas de cardamomo

1 rama pequeña de canela

1/2 cucharadita de cúrcuma

4 cucharadas de sidra o vinagre de vino blanco

2 manzanas de postre, peladas, sin semillas y cortadas en trozos grandes

400 ml de caldo de verdura (ver página 118) o agua

1 cucharada de miel o azúcar morena

sal y pimienta negra recién molida, al gusto

400 g de pequeñas verduras, tales como coliflor, brócoli o col (repollo), en cuartos y ligeramente cocidas al vapor

2 cucharadas de cilantro fresco, para decorar

1 En una procesadora, mezclar la cebolla, el ajo, el jengibre y la zanahoria hasta formar una pasta espesa.

2 Calentar el aceite en una cacerola de fondo termodifusor. Añadir los chiles picantes, las semillas de mostaza y las especias. Freír a fuego moderado hasta que las semillas de mostaza empiecen a crujir y huelan a tostado. Agregar la pasta de cebolla y cocinar al máximo. Revolver con frecuencia durante 5-6 minutos hasta que la mezcla empiece a tomar color. Si la mezcla se reseca, añadir 3-4 cucharadas de agua.

3 Agregar el vinagre, las manzanas, el caldo y la miel y el aderezo. Hervir, luego bajar el fuego. Cocinar sin tapa durante 10 minutos o hasta que las manzanas parezcan tiernas. Agregar las verduras y cocinar a fuego lento durante 4-5 minutos. Decorar con el cilantro antes de servir.

**INFORMACIÓN NUTRICIONAL
POR PORCIÓN:**

○ Calorías 181

○ Proteínas 13 g

○ Hidratos de carbono 24 g
Fibra 11 g

○ Total de grasas 5 g
Grasas saturadas 1 g
Grasas poli-insaturadas 1 g
Grasas mono-insaturadas 3 g

○ Colesterol 0 mg

○ Sodio 145 mg

**CONSEJO PARA LA
PREPARACIÓN**

Si se prefiere, puede emplearse
caldo de pollo en lugar de caldo
de verdura.

Preparación: 1 hora, 10
minutos
Porciones: 4

GUISO DE HABAS Y ALCAUCIL

ESTE GUISO DE VERANO, LIGERO PERO NUTRITIVO, CONTIENE UNA
SANA COMBINACIÓN DE HABAS CON ALTO CONTENIDO DE FIBRAS Y
VERDURAS RICAS EN VITAMINAS. SERVIR CON PAN DE SEMILLAS DE
GIRASOL O ARROZ.

1 cucharada de aceite de oliva
1 puñado de cebollitas picadas
4-5 dientes de ajo, picados gruesos
2 zanahorias grandes, picadas
2 tallos de apio, finamente picados
500 ml de caldo de verdura (ver páginas 118-119)
ramillete de hierbas compuesto por 2-3 ramitas de tomillo,
1-2 ramitas de romero y 2 tiras de ralladura de limón
400 g de corazones de alcauciles (alcachofas) en conserva,
escurridos y en cuartos
400 g de habas o garbanzos en conserva en agua
zumo de 1 limón, mezclado con 1 cucharadita de azúcar
sal y pimienta negra recién molida, al gusto
ramitas de tomillo fresco, para decorar

① Calentar el aceite en una cacerola de fondo doble. Agregar las
cebollitas, el ajo, las zanahorias y el apio. Saltear a fuego moderado durante
5-8 minutos, hasta que las verduras se hayan ablandado. Añadir el caldo y
el ramillete de hierbas; luego hervir. Cocinar durante 4-5 minutos, hasta
que el líquido se haya reducido.

② Bajar el fuego, agregar los corazones de alcaucil (alcachofa) y las
habas en la cacerola. Cocinar, parcialmente tapado, durante 30-45
minutos, hasta que la mayor parte del líquido se haya reducido.
Incorporar la mezcla de zumo de limón. Condimentar y decorar con el
tomillo antes de servir.

VARIANTE

Como una alternativa, esta receta puede prepararse con pechugas de
pollo. Cortar 4 pechugas de pollo deshuesadas, de 125 g cada una,
en tiras de 1 cm. Cocinarlas en una sartén antiadherente o una
plancha durante 3-4 minutos de cada lado hasta que se doren. Añadir
el pollo al guiso 10 minutos antes de finalizado el tiempo de cocción.

GUISO CHINO DE SETAS MIXTAS

EN ASIA, SE RECOMIENDA COMER SETAS (HONGOS) ORIENTALES PARA TENER UNA VIDA LARGA Y SALUDABLE. SE EMPLEAN EN ABUNDANCIA EN ESTE PLATO, QUE ES DELICIOSO SERVIDO CON ARROZ, FIDEOS O TRIGO BURGOL.

2 cucharadas de aceite de cacahuete (maní) o sésamo
100 g de chalotas, en cuartos
4 dientes de ajo, en rebanadas gruesas
1-2 chiles, sin semillas y finamente picados (opcional)
125 g de pleurotos en forma de ostra, en trozos
100 g de setas (hongos) shiitake o 50 g de shiitake secos,
rehidratados en agua caliente durante 20 minutos
(descartar los tallos y cortar los sombreretes en rodajas)
1 cucharada de salsa de soja baja en sal
400 ml de caldo de verdura o pollo (ver páginas 118-119)
250 g de fideos de arroz finos desecados, remojados en agua hirviendo
durante 3 minutos
2 cucharadas de eneldo fresco picado, para decorar

1 Calentar el aceite en una sartén de fondo termodifusor. Agregar las chalotas, el ajo y los chiles, en caso de emplearse, y freír con poco aceite a fuego máximo durante 3-4 minutos hasta que empiecen a dorarse. Añadir los pleurotos en forma de ostra y shiitake y freír durante 4-5 minutos más, hasta que se hayan ablandado. Agregar la salsa de soja y freír con poco aceite durante 1-2 minutos.

2 Añadir el caldo y hervir. Bajar la temperatura y calentar durante 15 minutos más, hasta que el caldo se haya reducido.

3 Subir el fuego a temperatura media, añadir los fideos y cocinar, cubriendo los fideos con la salsa de setas (hongos), hasta que casi todo el líquido se haya evaporado y los fideos se vean brillantes. Decorar con el eneldo, antes de servir.

✳ INGREDIENTE SALUDABLE

Ciertos estudios han demostrado que las setas (hongos) orientales, incluyendo los shiitake y los pleurotos en forma de ostra, pueden contribuir a reducir los niveles de colesterol en sangre, posiblemente reduciendo incluso los efectos de las grasas saturadas en el cuerpo.

INFORMACIÓN NUTRICIONAL POR PORCIÓN:

○ Calorías 360

○ Proteínas 9 g

○ Hidratos de carbono 60 g
Fibra 1 g

○ Total de grasas 8 g
Grasas saturadas 2 g
Grasas poliinsaturadas 2 g
Grasas monoinsaturadas 3 g

○ Colesterol 0 mg

○ Sodio 285 mg

CONSEJO PARA LA PREPARACIÓN

Si se desea, utilizar portobello o champiñones castaños en lugar de pleurotos.

Preparación: 40 minutos
Porciones: 4

El tofu posee bajo contenido de grasas y es rico en potasio, calcio e isoflavinas, que pueden reducir el riesgo de sufrir enfermedades cardiovasculares.

INFORMACIÓN NUTRICIONAL POR PORCIÓN:

○ Calorías 340

○ Proteínas 14 g

○ Hidratos de carbono 52 g
Fibra 7 g

○ Total de grasas 9 g
Grasas saturadas 1 g
Grasas poliinsaturadas 2 g
Grasas monoinsaturadas 5 g

○ Colesterol 0 mg

○ Sodio 309 mg

CONSEJOS PARA LA PREPARACIÓN

Puede prepararse el *cassoulet* con anticipación y guardarlo, con tapa, en el refrigerador hasta dos días. El trigo en grano es un cereal de trigo integral y puede conseguirse fácilmente en tiendas naturistas.

Preparación: 2 horas, 25 minutos, más remojo durante la noche.
Porciones: 4

CASSOULET DE CEREALES MIXTOS

SERVIR ESTE PLATO INVERNAL, RECONFORTANTE Y SUSTANCIOSO, CON UN TROZO DE PAN INTEGRAL PARA APROVECHAR LOS ZUMOS. UN VASO DE VINO TINTO AROMÁTICO CONSTITUYE UN BUEN ACOMPAÑAMIENTO.

60 g de trigo en grano, remojado durante la noche
60 g de mijo, remojado durante la noche
60 g de cebada perlada, remojada durante la noche
1 y 1/2 cucharada de aceite de oliva
1 cebolla grande, picada gruesa
3 zanahorias, picadas gruesas
2-3 tallos de apio, cortados en trozos grandes
50 g de setas (hongos) shiitake secas, rehidratadas en 100 ml
de agua hirviendo durante 30 minutos, sin los tallos y con los sombreretes
en rodajas gruesas (reservar el agua escurrida)
150 g de tofu ahumado, en dados
ramillete de hierbas compuesto por 3-4 ramitas de tomillo,
1-2 ramitas de mejorana y 2 tiras de ralladura de limón
1 cucharadita de semillas de alcaravea
pimienta negra recién molida, al gusto
500 ml de caldo de pollo o verdura (ver páginas 118-119)
1 cucharadas de salsa de soja baja en sal

1 Precalentar el horno a 200° C (Indicador en 6). Escurrir el trigo en grano, el mijo, la cebada perlada y mezclar. Calentar el aceite en una sartén grande y añadir la cebolla, las zanahorias y el apio. Saltear a fuego moderado durante 5-8 minutos, hasta que la cebolla empiece a dorarse. Incorporar las setas (hongos) y cocinar durante 3 minutos más.

2 Disponer un tercio de los cereales en la base de una fuente grande y cubrir con un tercio de la mezcla de verduras y la mitad del tofu. Cubrir con otra capa de cereales, verduras y el resto del tofu. Cubrir con una última capa de cereales y verduras.

3 Colocar el ramillete de hierbas sobre los cereales y las verduras. Esparcir las semillas de alcaravea arriba y condimentar. Verter el caldo, la salsa de soja y el agua de las setas (hongos) reservada. Tapar y cocinar al horno durante 1 y 1/2-2 horas, hasta que los cereales estén tiernos. Controlar la fuente de tanto en tanto. Añadir agua si se reseca.

ENSALADA DE PIMIENTOS ROJOS ASADOS Y GARBANZOS

LOS PIMIENTOS ROJOS DULCES COMPLEMENTAN EL SABOR DE LOS GARBANZOS DE ESTA ENSALADA SIMPLE Y COLORIDA. CONSTITUYE UN ACOMPAÑAMIENTO DELICIOSO PARA CARNE O PESCADO A LA PARRILLA.

100 g de garbanzos secos, remojados durante la noche
4 pimientos rojos, sin rabo ni semillas y en cuartos

PARA EL ADEREZO
1 cucharada de vinagre balsámico
2 cucharadas de aceite de oliva extra virgen
4 cebollitas, finamente picadas
1 diente de ajo, finamente picado
2 cucharadas de hierbas frescas mixtas picadas,
tales como perejil, tomillo y artemisa
sal y pimienta negra recién molida, a gusto

1 Colocar los garbanzos remojados en una cacerola grande con abundante agua y tapar. Hervir, luego calentar a fuego lento, a medio tapar, durante 1 o 2 horas, hasta que los garbanzos estén tiernos. Mientras tanto, mezclar los ingredientes del aderezo en un recipiente.

2 Calentar la parrilla al máximo. Rociar la cáscara de los pimientos con un poco del aderezo, luego cocinar a la parrilla durante 8 o 10 minutos hasta que las pieles se hayan dorado. Colocar los pimientos en una bolsa plástica y dejar reposar durante 5 minutos; luego pelar y cortar en rodajas. Incorporarlos al aderezo, luego añadir los garbanzos y mezclar bien. Dejar enfriar antes de servir.

✱ INGREDIENTE SALUDABLE
Los garbanzos son una fuente de proteínas con bajo contenido de grasas y ricos en fibra soluble.

INFORMACIÓN NUTRICIONAL POR PORCIÓN:
○ Calorías 195

○ Proteínas 7 g

○ Hidratos de carbono 21 g
Fibra 5 g

○ Total de grasas 10 g
Grasas saturadas 1 g
Grasas poliinsaturadas 2 g
Grasas monoinsaturadas 6 g

○ Colesterol 0 mg

○ Sodio 19 mg

CONSEJOS PARA COMPRAR
Las alubias (porotos) en conserva son una alternativa conveniente de las legumbres. Asegurarse de comprarlos en agua, en lugar de salmuera o sal y azúcar.

Preparación: 2 y 1/4 hora, más 8 horas de remojo.
Porciones: 4

ENSALADAS *Estas ensaladas frescas y apetitosas pueden servirse como entrada, acompañamiento o plato principal ligero. Si uno no se excede con los aderezos aceitosos, constituyen una fuente de vitamina, minerales y fibra con un contenido muy bajo de grasas.*

ENSALADA DE AJO Y CALABACINES ASADOS

EL AJO ES UN INGREDIENTE IMPORTANTE EN LA COCINA PARA ENFERMOS CORONARIOS. PIERDE SU SABOR PICANTE AL ASARLO Y SE TORNA BLANCO, CREMOSO Y DULCE.

12-16 dientes de ajo grandes, pelados y en cuartos
zumo de 1 naranja y una cucharadita de cáscara rallada
1 cucharada de aceite de oliva
2-3 clavos (opcional)
1-2 cucharaditas de azúcar moreno
6 calabacines (zuchini), cortados en rodajas con un pelador de patatas
en forma de cintas
sal y pimienta negra recién molida, al gusto
1 cucharada de eneldo o tomillo de limón fresco picado

1 Precalentar el horno hasta 200° C (Indicador en 6). Colocar el ajo en una fuente para horno, luego agregar 3 cucharadas de zumo de naranja y ralladura, el aceite, los clavos, de utilizarlos, y el azúcar. Cubrir con papel metalizado y hornear durante 15-20 minutos, hasta que el ajo comience a ablandarse.

2 Verter el agua hirviendo sobre los calabacines (*zuchini*) y blanquear durante algunos segundos hasta que estén ligeramente blandos. Escurrir bien y secar con una servilleta de cocina para eliminar la mayor cantidad de humedad posible.

3 Aumentar la temperatura del horno a 230° C (Indicador en 8). Quitar la cubierta de la fuente, agregar los calabacines (*zuchini*) y el resto del zumo de naranja. Hornear durante 10-15 más, hasta que el ajo y los calabacines comiencen a caramelizarse. Condimentar y espolvorear con hierbas frescas. Servir caliente o a temperatura ambiente.

✳ INGREDIENTE SALUDABLE

El ajo brinda muchos beneficios; se ha demostrado que favorece la circulación a la vez que reduce tanto la presión sanguínea como los niveles de colesterol en sangre.

INFORMACIÓN NUTRICIONAL POR PORCIÓN

○ Calorías 80

○ Proteínas 3 g

○ Hidratos de carbono 7 g
  Fibra 2 g

○ Total de grasas 4 g
  Grasas saturadas < 1 g
  Grasas poliinsaturadas < 1 g
  Grasas monoinsaturadas 3 g

○ Colesterol 0 mg

○ Sodio 3 mg

CONSEJO PARA SERVIR

Cuando está asado, el ajo se transforma en un alimento untable para sándwich con bajo contenido de grasas.

Preparación: 45 minutos
Porciones: 4

ENSALADA DE PATATA Y CEBOLLA CARAMELIZADA

LAS CEBOLLAS CARAMELIZADAS OTORGAN UN DELICIOSO SABOR DULCE

A LAS PATATAS (PAPAS). COMO BENEFICIO ADICIONAL, ESTAS

PROPORCIONAN ENERGÍA A LARGO PLAZO, FIBRA Y VITAMINA C.

500 g de patatas (papas) pequeñas para ensalada
2 cebollas grandes, en rodajas finas
4 cucharadas de agua
2 cucharadas de aceite de oliva o girasol
6 cucharadas de vinagre balsámico
sal y pimienta negra recién molida, al gusto
1 cucharadita de semillas de alcaravea,
asadas en una sartén y trituradas
4 cucharadas de perejil común fresco
o menta picados

1 Cocinar las patatas (papas) al vapor durante 15 minutos, o hasta que estén tiernas y luego mantener calientes.

2 Mientras tanto, colocar las cebollas y el agua en una cacerola pequeña y llevar al punto de ebullición. Reducir el fuego, cubrir y cocer a fuego lento durante 10 minutos, o hasta que la cebolla esté tierna y el agua se haya evaporado.

3 Añadir el aceite a la cacerola y cocinar durante 5 minutos más o hasta que las cebollas comiencen a acaramelarse. Dar vueltas en todo momento. Agregar el vinagre y llevar al punto de ebullición. Cocinar durante 1-2 minutos, hasta que el líquido se haya reducido y se torne brillante.

4 Verter la mezcla de cebolla sobre las patatas (papas) calientes en un recipiente grande y mezclar bien. Cubrirlo con una servilleta de cocina y dejar que las patatas (papas) se enfríen a temperatura ambiente. Condimentar a gusto y rociar con las semillas de alcaravea y el perejil antes de servir.

✷ INGREDIENTE SALUDABLE

Las cebollas, al igual que el ajo, contienen compuestos de alicina que pueden ser beneficiosos para combatir infecciones y disminuir los niveles de colesterol en sangre, así como también proteger contra el cáncer.

INFORMACIÓN NUTRICIONAL POR PORCIÓN

○ Calorías 190

○ Proteínas 4 g

○ Hidratos de carbono 27 g
  Fibra 3 g

○ Total de grasas 8 g
  Grasas saturadas 1 g
  Grasas poliinsaturadas 1 g
  Grasas monoinsaturadas 6 g

○ Colesterol 0 mg

○ Sodio 15 mg

CONSEJO PARA LA PREPARACIÓN

No pelar las patatas (papas); lavarlas y frotarlas para que conserven sus contenidos de fibra y vitaminas.

Preparación: 25 minutos, más 5 minutos para enfriar
Porciones: 4

★ INGREDIENTE SALUDABLE

El pomelo contiene cantidades útiles de pectina, la cual, según se ha demostrado, disminuye los niveles de colesterol en sangre.

INFORMACIÓN NUTRICIONAL POR PORCIÓN

○ Calorías 120

○ Proteínas 3 g

○ Hidratos de carbono 17 g
  Fibra 7 g

○ Total de grasas 4 g
  Grasas saturadas < 1 g
  Grasas poliinsaturadas < 1 g
  Grasas monoinsaturadas 3 g

○ Colesterol 0 mg

○ Sodio 28 mg

Preparación: 15 minutos
Porciones: 4

ENSALADA DE HINOJO Y POMELO ROSADO

ESTA REFRESCANTE ENSALADA ES EXCELENTE PARA SERVIR CON PESCADO O POLLO ASADO A LA PARRILLA. AL IGUAL QUE LOS OTROS CÍTRICOS, EL POMELO CONTIENE UNA GRAN CANTIDAD DE VITAMINA C, MIENTRAS QUE EL HINOJO ES UN DIURÉTICO MUY CONOCIDO.

*2 bulbos de hinojo grandes, sin el centro y cortado
en rodajas finas (reservar las hojas para decorar)
2 pomelos rosados grandes, en gajos
1 cebolla roja o blanca pequeña, finamente cortada en aros
1 chile picante rojo, sin semilla y picado finamente
1 cucharada de aceite de avellana
2 cucharaditas de miel
2 cucharadas de eneldo fresco picado
sal y pimienta negra recién molida, a gusto*

Combinar el hinojo (servir las hojas para decorar) y el pomelo en una fuente grande. Añadir el resto de los ingredientes, luego mezclar bien hasta unir. Decorar con las hojas de hinojo.

VARIANTE

Ensalada de naranja y achicoria Reemplazar el hinojo y el pomelo por 3 naranjas, en gajos, y 3 cabezas de achicoria, cortadas en rodajas finas.

ENSALADA DE REMOLACHA CON SALSA DE MIEL Y YOGUR

LA REMOLACHA ES UNO DE LOS DESINTOXICANTES MÁS EFECTIVOS DE LA NATURALEZA; AYUDA A PURIFICAR EL HÍGADO Y LOS RIÑONES. SU DULCE SABOR NATURAL INTENSIFICA EL GUSTO DEL ANANÁ.

30 g de remolacha cruda, rallada gruesa
1 ananá (piña) pequeño, pelado, sin el centro y cortado
3 chalotas o una cebolla pequeña, finamente picada

PARA EL ADEREZO
zumo de 1 limón
2 cucharadas de mostaza dulce
3 cucharadas de yogur descremado (desnatado)
1 cucharada de aceite de oliva o girasol
sal y pimienta negra recién molida, a gusto

Mezclar los ingredientes para el aderezo, luego verter sobre la remolacha, el ananá (piña) y las chalotas. Refrigerar alrededor de 1 hora antes de servir.

INFORMACIÓN NUTRICIONAL POR PORCIÓN

- Calorías 110
- Proteínas 2 g
- Hidratos de carbono 16 g
  Fibra 3 g
- Total de grasas 4 g
  Grasas saturadas < 1 g
  Grasas poliinsaturadas < 1 g
  Grasas monoinsaturadas 3 g
- Colesterol 0 mg
- Sodio 113 mg

Preparación: 15 minutos, más 1 hora para enfriar
Porciones: 4

ENSALADA DE APIO Y ZANAHORIA

200 g de apio, finamente rallado
200 g de zanahorias, finamente ralladas

PARA EL ADEREZO
zumo de 1 naranja y una cucharadita de cáscara rallada

zumo de 1/2 limón
2 cucharaditas de mostaza de Dijon
2 cucharadas de pasas, remojadas en una pequeña cantidad de zumo de naranja durante 20 minutos
sal y pimienta negra recién molida, a gusto

Mezclar los ingredientes para el aderezo y verter sobre el apio y las zanahorias. Refrigerar durante alrededor de 1 hora antes de servir.

INFORMACIÓN NUTRICIONAL POR PORCIÓN

- Calorías 100
- Proteínas 2 g
- Hidratos de carbono 13 g
  Fibra 3 g
- Total de grasas 4 g
  Grasas saturadas < 1 g
  Grasas poliinsaturadas < 1 g
  Grasas monoinsaturadas 3 g
- Colesterol 0 mg
- Sodio 134 mg

Preparación: 15 minutos, más 1 hora para reposar
Porciones: 4

ENSALADA DE ATÚN Y ALUBIAS

ESTA ENSALADA, BASADA EN UN CLÁSICO ITALIANO, ES UNA

COMBINACIÓN EXITOSA, CON BAJO CONTENIDO DE GRASAS Y CON ALTO

CONTENIDO DE FIBRA. SERVIR COMO PLATO PRINCIPAL, SI SE DESEA,

CON UN TROZO DE PAN INTEGRAL.

200 g de trozos de atún enlatado en agua
220 g de alubias (porotos) secas o enlatadas, en agua
1 cebolla roja, cortada en aros del espesor del papel
1 diente de ajo, triturado
1 manzana, sin semillas y cortada
1 pimiento rojo, sin cabo ni semillas y finamente picado
4 cucharadas de perejil común fresco y picado

PARA EL ADEREZO
3 cucharadas de yogur descremado (desnatado)
2 cucharaditas de mostaza dulce o una cucharadita de
mostaza inglesa mezclada con 2 cucharaditas de miel
1 cucharada de aceite de oliva virgen extra
2 cucharadas de vinagre de vino blanco, o zumo de limón o lima
sal y pimienta negra recién molida, a gusto

1 Mezclar los ingredientes para el aderezo hasta que se unan por completo.

2 Verter el condimento sobre los ingredientes de la ensalada en una fuente para servir grande y refrigerar durante alrededor de 1 hora para que se intensifiquen los sabores.

VARIANTE
Ensalada de pollo y garbanzos Reemplazar el atún, las alubias (porotos) y la manzana por 300 g de pechuga de pollo asada a la parrilla, deshuesada y en rodajas, 220 g de garbanzos enlatados y una pera, sin semilla y cortada.

★ INGREDIENTE SALUDABLE
Como otros pescados azules, el atún es rico en ácidos grasos omega-3, que pueden contribuir al control de los niveles de colesterol.

INFORMACIÓN NUTRICIONAL POR PORCIÓN
- ○ Calorías 170
- ○ Proteínas 17 g
- ○ Hidratos de carbono 15 g
  Fibra 4 g
- ○ Total de grasas 5 g
  Grasas saturadas 1 g
  Grasas poliinsaturadas 1 g
  Grasas monoinsaturadas 3 g
- ○ Colesterol 26 mg
- ○ Sodio 330 g

CONSEJO PARA LA COMPRA
Tratar de evitar el atún enlatado en aceite o salmuera. El atún en agua posee niveles de grasa y sal mucho menores.

Preparación: 7 minutos, más 1 hora para enfriar
Porciones: 4

ENSALADA DE BERENJENA AHUMADA Y TOMATE

LAS BERENJENAS POSEEN UN BAJO CONTENIDO DE CALORÍAS, PERO ABSORBEN ACEITE, LO QUE PUEDE ELEVAR CONSIDERABLEMENTE SU NIVEL CALÓRICO. AL ASARLAS A LA PARRILLA U HORNEARLAS, MANTIENEN EL CONTENIDO GRASO EN NIVELES BAJOS.

500 g de berenjenas
350 g de tomates, sin piel ni semillas y cortados
1 diente de ajo, triturado
2 cucharadas de aceite de oliva virgen extra
zumo de 1 limón y 1 cucharadita de ralladura de cáscara
1-2 chiles picantes rojos o verdes, sin semillas y picados finamente
2 cucharadas de perejil, menta o mejorana dulce fresca, picada,
o una combinación de las tres hierbas
sal y pimienta negra recién molida, a gusto

1 Precalentar el horno al máximo. Hornear las berenjenas enteras durante 20-25 minutos hasta que la piel esté tostada en forma pareja y se ablande la pulpa. Con un cuchillo afilado, realizar un corte profundo en cada una; dejar se enfríen un poco.

2 Retirar la pulpa con una cuchara, luego picarla gruesa y colocarla nuevamente en el colador limpio. Cubrir y dejar escurrir al menos durante 1 hora para que eliminen todo el zumo amargo y el exceso de humedad. (Para acelerar este proceso, presionar suavemente la pulpa antes de escurrirla para quitar la mayor cantidad de agua posible.)

3 Picar finamente la pulpa hasta que tenga una consistencia similar a la del puré pero sin perder un poco de textura. Añadir el resto de los ingredientes y mezclar bien. Condimentar y refrigerar durante alrededor de 1 hora antes de servir.

VARIANTE

Ensalada de berenjena ahumada y *tahini* Omitir los tomates y el aceite. Mezclar 4 cucharadas de *tahini* ligero (pasta de semillas de sésamo) con 3 cucharadas de agua. Agregar la mezcla al resto de los ingredientes del paso 3. Aderezar, mezclar bien y refrigerar durante alrededor de 1 hora antes de servir.

★ INGREDIENTE SALUDABLE

Los chiles picantes son una fuente rica de vitamina C antioxidante que puede contribuir a neutralizar el daño celular causado por los radicales libres.

INFORMACIÓN NUTRICIONAL POR PORCIÓN

○ Calorías 110

○ Proteínas 2 g

○ Hidratos de carbono 7 g
 Fibra 4 g

○ Total de grasas 8 g
 Grasas saturadas 1 g
 Grasas poliinsaturadas 1 g
 Grasas monoinsaturadas 6 g

○ Colesterol 0 mg

○ Sodio 13 mg

CONSEJO PARA SERVIR

Para untarlo, se hace un puré con la pulpa de la berenjena en una licuadora.

Preparación: 35 minutos, más 1 hora para escurrir y 1 hora para enfriar
Porciones: 4

**INFORMACIÓN NUTRICIONAL
POR PORCIÓN:**

○ Calorías 60

○ Proteínas 2 g

○ Hidratos de carbono 4 g
Fibra < 1 g

○ Total de grasas 4 g
Grasas saturadas 1 g
Grasas poliinsaturadas 2 g
Grasas monoinsaturadas 1 g

○ Colesterol 0 mg

○ Sodio 100 mg

CONSEJO PARA SERVIR
Servir este plato delicioso y
sencillo como guarnición de
pollo asado o gratinado, o como
un plato principal vegetariano
con fideos o arroz.

Preparación: 15 minutos, más
1-2 horas para marinar
Porciones: 4

SETAS MARINADAS Y ASADAS A LA PARRILLA

LAS SETAS ASIÁTICAS –DE LA VARIEDAD SHIITAKE, PLEUROTOS EN
FORMA DE OSTRA O DE ROBLE– SUPUESTAMENTE REDUCEN LOS NIVELES
DE COLESTEROL EN EL CUERPO Y AYUDAN A DISMINUIR EL RIESGO DE
SUFRIR INFARTOS.

500 g de setas (hongos) pleurotos, recortadas
2 cucharadas de tomillo finamente picado, para decorar

PARA LA MARINADA
1 cucharada de aceite de sésamo tostado
1 trozo de 2,5 cm de jengibre fresco, rallado
2 chalotas, finamente picadas
2 dientes de ajo, triturados
1 chile picante rojo, sin semilla y finamente picado
jerez seco
2 cucharaditas de miel o azúcar

1 Mezclar los ingredientes para la marinada. Verter la marinada sobre las setas (hongos) y dejar sazonar durante 1-2 horas. De tanto en tanto, dar vuelta las setas (hongos) en el líquido.

2 Calentar bien la parrilla y cocinarlas con el lado de las laminillas hacia arriba, durante 8-10 minutos. De vez en cuando, sazonarlas con la marinada hasta que estén cocidas a punto y tiernas.

3 Colocarlas en una fuente. Verter el resto de la marinada y del zumo de la cocción con una cuchara y servir espolvoreado con tomillo.

VARIANTE

Tofu marinado y asado a la parrilla Reemplazar las setas (hongos) por 350 g de tofu, cortado en rodajas gruesas. Servir con 4 cebollitas, recortadas y finamente trituradas, en lugar de tomillo fresco.

ENSALADA DE MANZANA Y REPOLLO

ESTA ENSALADA CALIENTE AGRIDULCE ES UNA VERSIÓN REFRESCANTE Y LIVIANA DE *CHUCRUT*, QUE PRESENTA UNA COMBINACIÓN DE CEBOLLAS, MANZANA Y REPOLLO. PUEDE SERVIRSE POR SEPARADO, CON PASTA O CON CEREALES COMO TRIGO BURGOL, ARROZ O CEBADA.

2 cebollas, cortadas en rodajas finas
6 cucharadas de zumo de manzana
6 cucharadas de vinagre de sidra
1 cucharadita de aceite de oliva o de semillas de uva
2 cucharaditas de semillas de mostaza negra o amarilla,
tostadas en una sartén
1 repollo Savoy pequeño, recortado, sin el centro
y finamente desmenuzado
2 manzanas dulces, sin semillas y cortadas en dados
sal y pimienta negra recién molida, a gusto

1 Colocar las cebollas, el zumo de manzana y la mitad del vinagre en un *wok* o en una sartén grande. Llevar a punto de ebullición, luego bajar el fuego y cocer a fuego lento durante 8-10 minutos hasta que se haya reducido la mayoría del líquido. Subir el fuego, añadir el aceite y las semillas de mostaza y cocinar durante 4-5 minutos hasta que las cebollas comiencen a dorarse. Revolver en todo momento.

2 Agregar el repollo, las manzanas y el resto del vinagre. Freír con poca cantidad de aceite durante 2 minutos, o hasta que el repollo comience a secarse. Condimentar, tapar y cocinar al vapor a fuego lento durante 5-8 minutos hasta que el repollo esté tierno, pero no demasiado blando. Retirar la tapa, aumentar el fuego y hervir hasta que se haya evaporado la mayor parte del líquido.

VARIANTES

Ensalada de repollo chino y pera. Reemplazar el repollo Savoy y la manzana por un repollo chino, finamente desmenuzado y 2 peras maduras, sin semillas y cortadas en dados.

Ensalada de ananá y repollo. Reemplazar el zumo de manzana por zumo de ananá (piña). Sustituir las manzanas por un ananá (piña) pequeño, pelado, sin el centro y finamente cortado.

✱ **INGREDIENTE SALUDABLE**
El repollo Savoy es rico en betacaroteno, un antioxidante que puede contribuir a prevenir el daño celular causado por los radicales libres.

INFORMACIÓN NUTRICIONAL POR PORCIÓN:

○ Calorías 90

○ Proteínas 4 g

○ Hidratos de carbono 16 g
  Fibra 5 g

○ Total de grasas 3 g
  Grasas saturadas 1 g
  Grasas poliinsaturadas 1 g
  Grasas monoinsaturadas 1 g

○ Colesterol 0 mg

○ Sodio 10 mg

Preparación: 30 minutos
Porciones: 4

VERDURAS DE PRIMAVERA CON ADEREZO ORIENTAL

LA COCCIÓN AL VAPOR ES LA MEJOR FORMA DE PRESERVAR EL SABOR

DULCE DE LAS VERDURAS Y DE RETENER LAS VITAMINAS

HIDROSOLUBLES QUE PUEDEN PERDERSE AL HERVIR LOS ALIMENTOS.

*500 g de verduras mixtas, como brócolis, tirabeques,
minizanahorias y calabacines (zucchini)*

PARA EL ADEREZO
4 cebollitas, finamente picadas
1 trozo de 2,5 cm de jengibre fresco, finamente picado
1 diente de ajo, finamente picado
1 chile picante, sin semillas y finamente picado (opcional)
4 cucharadas de mirin (licor de arroz)
2 cucharadas de vinagre de vino de arroz o vinagre de sidra
1 cucharada de aceite de sésamo

1 Cocer las verduras al vapor durante 4-5 minutos, hasta que estén tiernas.

2 Mezclar los ingredientes para el aderezo y verter sobre las verduras calientes. Dejar marinar las verduras al menos 10 minutos. Darlas vuelta de tanto en tanto para que se intensifique el sabor.

VARIANTE
Verduras de invierno con aderezo oriental. Reemplazar las verduras de primavera con la misma cantidad de coles (repollitos) de Bruselas, repollos colorados y zanahorias. Usar una cucharadita de semillas de amapola, tostadas en una sartén, en lugar de las semillas de sésamo.

✳ INGREDIENTE SALUDABLE
El tirabeque contiene cantidades útiles de los antioxidantes, vitamina C y betacaroteno, al igual que fibra, que pueden disminuir los niveles de colesterol en el cuerpo.

INFORMACIÓN NUTRICIONAL POR PORCIÓN:

○ Calorías 90

○ Proteínas 4 g

○ Hidratos de carbono 5 g
Fibra 3 g

○ Total de grasas 7 g
Grasas saturadas 1 g
Grasas poliinsaturadas 3 g
Grasas monoinsaturadas 2 g

○ Colesterol 0 mg

○ Sodio 15 mg

CONSEJO PARA LA COMPRA
El mirin es un vino dulce japonés elaborado a base de arroz. Puede conseguirse en tiendas orientales y en algunos supermercados.

Preparación: 10 minutos más 10 minutos para marinar
Porciones: 4

INFORMACIÓN NUTRICIONAL POR PORCIÓN:

○ Calorías 60

○ Proteínas 3 g

○ Hidratos de carbono 12 g
Fibra 2 g

○ Total de grasas < 1 g
Grasas saturadas < 1 g
Grasas poliinsaturadas < 1 g
Grasas monoinsaturadas < 1 g

○ Colesterol 0 mg

○ Sodio 6 mg

CONSEJO PARA SERVIR

Las verduras a la parrilla son deliciosas como guarnición de carne o pescado gratinado, o como plato principal con arroz o pasta.

Preparación: 25 minutos, más 1 hora para marinar
Porciones: 4

ENSALADA DE VERDURAS MEDITERRÁNEAS A LA PLANCHA

ESTA ADAPTACIÓN CON BAJO CONTENIDO DE GRASAS DE UNA RECETA MEDITERRÁNEA PRESENTA COLORES BRILLANTES Y ZUMO FRESCO DE CÍTRICOS, QUE PROPORCIONAN ANTIOXIDANTES BENEFICIOSOS.

2 pimientos rojos, sin cabo, sin semillas y en cuartos
1 berenjena pequeña, en rodajas
2 calabacines (zucchini), en rodajas
sal y pimienta negra recién molida, a gusto
hojas de albahaca fresca, para decorar

PARA LA MARINADA
zumo de 2 naranjas y 1 cucharadita de ralladura de cáscara naranja
zumo de 1 limón
1 cucharada de aceite de oliva
1 diente de ajo, triturado

1 Para preparar la marinada, mezclar el zumo de naranja y la ralladura, el zumo de limón, el aceite de oliva y el ajo en una fuente inoxidable. Añadir las verduras, pasarlas por la marinada, luego dejar sazonar durante alrededor de 1 hora. Retirar las verduras de la marinada, escurrir bien y guardar la marinada.

2 Calentar una plancha y pintarla con un poco de la marinada. Cocinar las verduras durante alrededor de 3-4 minutos de cada lado hasta que estén tiernas y tostadas, pero no blandas. Mantenerlas caliente.

3 Colocar la marinada en una cacerola pequeña y llevar al punto de ebullición. Llevar a hervor rápidamente y cocinar hasta que el líquido se haya reducido a alrededor de 3-4 cucharadas. Verter sobre las verduras calientes y mezclar. Dejar enfriar a temperatura ambiente. Aderezar y espolvorear con las hojas de albahaca antes de servir.

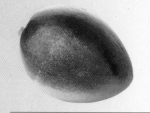

**INFORMACIÓN NUTRICIONAL
POR PORCIÓN:**

○ Calorías 170

○ Proteínas 2 g

○ Hidratos de carbono 43 g
  Fibra 3 g

○ Total de grasas < 0,5 g
  Grasas saturadas < 0,5 g
  Grasas poliinsaturadas < 0,5 g
  Grasas monoinsaturadas < 0,5 g

○ Colesterol 0 mg

○ Sodio 36 mg

**CONSEJO PARA LA
PREPARACIÓN**
Puede prepararse este helado de
antemano y guardarlo en el
congelador hasta un mes.

Preparación: 15 minutos, más 4
y 1/2 horas para congelar
Porciones: 4

HELADO DE AGUA DE MANGO

UNA ALTERNATIVA MÁS SANA Y CASI SIN CONTENIDO GRASO

COMPARADO CON EL HELADO DE CREMA (NATA). PUEDEN USARSE

OTRAS FRUTAS CARNOSAS EN LUGAR DE LOS MANGOS.

*2 mangos grandes, pelados, sin corazón y cortados
zumo de 1 limón
100 ml de zumo de mango
2 claras de huevo
100 g de azúcar extrafina (glass)
frutas frescas, como duraznos (melocotones),
mangos o ananá (piña), para decorar*

1 Colocar los mangos, el zumo de limón y el zumo de mango en una procesadora y mezclar hasta formar una masa homogénea. Pasar el puré a un recipiente y congelar cubierto durante 45 minutos. Retirar y batir hasta que esté casi licuado. Colocar nuevamente en el congelador durante 45 minutos o hasta que esté parcialmente congelado.

2 Colocar las claras de huevo en un recipiente y batir a punto de nieve. Continuar batiendo e ir agregando gradualmente la mitad del azúcar. Batir hasta que la mezcla forme picos largos, luego añadir el resto del azúcar.

3 Batir el puré de mango para deshacer los cristales de hielo y, con la licuadora en marcha, agregar poco a poco la mezcla de las claras de huevo, a cucharadas. Mezclar hasta que tenga la consistencia de espuma suave. Volver a colocar la mezcla en el recipiente, tapar y congelar durante 3 horas o hasta que adquiera la consistencia deseada. Servir decorado con las frutas frescas.

POSTRES
Estos postres con bajo contenido de grasa satisfarán hasta el más goloso y a una amplia gama de gustos. El helado de mango y el yogur helado de pera refrescan el paladar, mientras que los gnocchi de polenta y el pastel de merengue son realmente reconfortantes.

Yogur helado de pera

ESTE HELADO POSEE UN DELICIOSO AROMA Y ES REFRESCANTE. A SU VEZ, PRESENTA UN BAJO CONTENIDO DE GRASAS. ES IDEAL PARA CONCLUIR UN ALMUERZO O CENA ESTIVAL. PUEDEN UTILIZARSE FRUTAS BLANDAS, COMO FRAMBUESAS O MORAS, EN LUGAR DE LAS PERAS.

6 cucharadas de agua
zumo de 1 limón
1 cucharada de miel
1 vainilla en rama, cortada por la mitad (retirar las semillas)
400 g de peras maduras, peladas, sin semillas y en cuartos
200 ml de yogur sin grasa
1 clara de huevo
3 cucharadas de azúcar extrafina (glass)

1 Colocar el agua, el zumo de limón, la vainilla en rama y las semillas en una cacerola inoxidable. Añadir las peras y llevar al punto de ebullición. Reducir el fuego, tapar y cocer a fuego lento durante 20 minutos o hasta que las peras estén tiernas.

2 Con una espumadera, retirar las peras y colocarlas en una licuadora. Retirar la vainilla en rama, luego hervir el fondo de cocción hasta que se reduzca a 4 cucharadas. Agregar el líquido a las peras y mezclar hasta obtener un puré homogéneo. Añadir el yogur y mezclar. Pasar la mezcla a un recipiente para congelar y luego dejar enfriar. Cubrir y congelar durante 1-1 y 1/2 horas, hasta que esté casi congelado, pero blando en el centro.

3 Colocar la clara de huevo en un recipiente y batir hasta que esté a punto de nieve. Continuar batiendo y agregar gradualmente la mitad del azúcar hasta que la mezcla forme picos largos. Luego, añadir el resto del azúcar.

4 Pasar la mezcla semicongelada de yogur a una batidora. Batir hasta que esté blanda y homogénea. Agregar la mezcla de la clara de huevo, luego pasar a un recipiente y congelar durante 1 y 1/2 horas o hasta que adquiera la consistencia deseada.

✱ INGREDIENTE SALUDABLE

Las peras poseen un bajo contenido de grasa, pero contienen fibra soluble, vitamina C y potasio, combinación que puede contribuir a reducir los niveles de colesterol y regular la presión sanguínea.

INFORMACIÓN NUTRICIONAL POR PORCIÓN:

- ○ Calorías 130
- ○ Proteínas 6 g
- ○ Hidratos de carbono 27 g
  Fibra 2 g
- ○ Total de grasas < 0,5 g
  Grasas saturadas < 0 g
  Grasas poliinsaturadas < 0,5 g
  Grasas monoinsaturadas < 0,5 g
- ○ Colesterol 0 mg
- ○ Sodio 54 mg

CONSEJO PARA SERVIR

Dejar reposar los postres helados a temperatura ambiente o en la parte inferior del refrigerador durante 30 minutos antes de servir.

Preparación: 40 minutos, más 3 horas para congelar.
Porciones: 4

Mousse de yogur con frutas

LAS FRUTAS FRESCAS SE REMOJAN EN UNA MARINADA DE ZUMO DE
CÍTRICOS Y LICOR DE NARANJA, LUEGO SE INTERCALAN CON CAPAS DE
MOUSSE DE YOGUR BLANDO Y ESPONJOSO.

zumo de 1 limón y ralladura de 1/2 limón
zumo de 1 naranja y ralladura de 1/2 limón
3 cucharadas de licor o brandy
pulpa de 3 frutas de la pasión
4 kiwis, pelados y cortados en dados del tamaño de un bocado
150 g de frutillas (fresas), sin rabo y en cuartos
150 g de uvas blancas, en mitades

PARA EL MOUSSE
200 g de yogur descremado (desnatado) o queso fresco
1 cucharada de zumo de limón y 1/2 cucharadita de ralladura de limón
2 cucharaditas de agua de azahar
2 claras de huevo
6 cucharadas de azúcar extrafina
1/2 cucharaditas de vinagre de frambuesa

1 Para preparar *mousse* de yogur, batir el yogur con el zumo y la ralladura de limón y el agua de azahar.

2 Batir las claras de huevo, la mitad del azúcar y el vinagre de frambuesa hasta formar picos consistentes; luego agregar poco a poco el resto del azúcar. Añadir la mezcla de la clara de huevo a la mezcla de yogur. Colar la mezcla con una mezcla de muselina. Colocar el colador (cedazo) sobre un recipiente, luego colocar la mezcla de yogur con una cuchara. Tapar y dejar escurrir en el refrigerador durante 3-4 horas, hasta que esté levemente firme.

3 En un recipiente grande, mezclar los zumos cítricos y la ralladura, el licor de naranja y la pulpa de la fruta de la pasión, añadir el kiwi, las frutillas (fresas) y las uvas, y separar algunas para la decoración. Tapar y refrigerar durante por lo menos 1 hora. Para servir, alternar capas de las frutas marinadas y de la *mousse* de yogur en 4 copas altas. Decorar con las uvas que se habían reservado.

✳ INGREDIENTE SALUDABLE
Las frutillas (fresas) son ricas en fibra y vitamina C y también contienen ácido elágico, que protege de los efectos dañinos del humo del tabaco y otros agentes contaminantes.

INFORMACIÓN NUTRICIONAL POR PORCIÓN:

○ Calorías 220

○ Proteínas 9 g

○ Hidratos de carbono 43 g
  Fibra 3 g

○ Total de grasas < 1 g
  Grasas saturadas < 0,5 g
  Grasas poliinsaturadas < 1 g
  Grasas monoinsaturadas < 1 g

○ Colesterol 0 mg

○ Sodio 77 mg

Preparación: 15 minutos, más 3-4 horas para escurrir y 1 hora para enfriar.
Porciones: 4

**INFORMACIÓN NUTRICIONAL
POR PORCIÓN:**

○ Calorías 160

○ Proteínas 8 g

○ Hidratos de carbono 34 g
   Fibra 3 g

○ Total de grasas < 1 g
   Grasas saturadas < 0,5 g
   Grasas poliinsaturadas < 1 g
   Grasas monoinsaturadas < 1 g

○ Colesterol 0 mg

○ Sodio 43 mg

Preparación: 5 minutos
Porciones: 4

HIGOS CON YOGUR Y SALSA DE MIEL

LOS HIGOS CONSTITUYEN UN POSTRE IDEAL POR SU BAJO CONTENIDO DE GRASA, SU TEXTURA Y SABOR, MIENTRAS QUE LA MIEL PUEDE USARSE PARA AÑADIR UN POCO MÁS DE GUSTO AL YOGUR NATURAL.

12 higos maduros
200 g de yogur descremado (desnatado), refrigerado
1-2 cucharadas de menta fresca picada, más ramitas para decorar (opcional)
3 cucharadas de miel

1 Cortar cada higo en cuartos unidos por el extremo del rabo. Disponerlos en 4 platos refrigerados, luego presionar cada higo suavemente hasta que se abra levemente en forma de estrella.

2 Con una cuchara, colocar el yogur en un recipiente y añadir la menta. Agregar la miel en la parte superior y revolver en forme envolvente, con cuidado. Añadir una cucharada de la salsa de yogur a cada porción y decorar con una ramita de menta, si lo desea.

ENSALADA DE MELÓN MIXTA

**INFORMACIÓN NUTRICIONAL
POR PORCIÓN:**

○ Calorías 200

○ Proteínas 3 g

○ Hidratos de carbono 43 g
   Fibra 3 g

○ Total de grasas 1 g
   Grasas saturadas < 1 g
   Grasas poliinsaturadas < 1 g
   Grasas monoinsaturadas < 1 g

○ Colesterol 0 mg

○ Sodio 87 mg

Preparación: 15 minutos, más 2 horas para enfriar
Porciones: 4

1 melón Galia pequeño, sin semillas
1 melón rocío de miel pequeño, sin semillas
1 melón Charentais, sin semillas

1 cucharada de menta fresca picada
2 cucharadas de kirsch
1 sandía pequeña, sin semillas
2 cucharadas de miel líquida

1 Con un cortador parisién, también conocido como cuchara bolita, retirar la pulpa de los melones y formar esferas parejas. Esparcir la menta y rociar con el kirsch por encima de las esferas de melón. Tapar y refrigerar durante por lo menos 1 hora.

2 Quitar la pulpa de la sandía, retirar todas las pepitas y colocarla en una licuadora. Añadir la miel y mezclar para formar un puré homogéneo. Tapar y refrigerar durante por lo menos 1 hora. Para servir, dividir la salsa de sandía en 4 platos, luego acomodar sobre la misma, las esferas de melón. Con una cuchara, agregar la marinada sobre el melón y servir.

PERAS ESCALFADAS CON ESPECIAS

MI IDEA DEL PARAÍSO ESTÁ RELACIONADA CON ESTAS PERAS TIERNAS Y JUGOSAS, ESCALFADAS EN VINO TINTO LIGERO.

500 ml de vino tinto aromático y afrutado
2-3 cucharadas de miel líquida
4 vainas de cardamomo, trituradas
zumo y ralladura de 1 limón
1 rama pequeña de canela
1 cucharadita de pimienta negra en granos
4 peras maduras, peladas, con los tallos
ramitas de menta fresca, para decorar

1 Unir el vino, la miel, el cardamomo, el zumo y la ralladura de limón, la canela y los granos de pimienta en una cacerola grande inoxidable. Llevar al punto de ebullición, bajar el fuego, retirar la espuma y cocer a fuego lento durante 5 minutos.

2 Añadir las peras y escalfarlas lentamente durante 10-15 minutos, hasta que estén tiernas. Retirar del fuego y dejar enfriar. Colar el fondo de cocción. Decorar cada porción con una ramita de menta.

Información nutricional por porción (Peras escalfadas):

INFORMACIÓN NUTRICIONAL POR PORCIÓN:

- Calorías 100
- Proteínas 1 g
- Hidratos de carbono 23 g
  Fibra 3 g
- Total de grasas 0,5 g
  Grasas saturadas 0 g
  Grasas poliinsaturadas < 0,5 g
  Grasas monoinsaturadas < 0,5 g
- Colesterol 0 mg
- Sodio 7 mg

Preparación: 25 minutos, más 10 minutos para enfriar
Porciones: 4

BANANAS AL HORNO CON VAINILLA

3 cucharadas de pasas de Corinto
3 cucharadas de ron
2 cucharadas de azúcar morena blanda o melaza
zumo y ralladura de 1 limón pequeño
4 bananas (plátanos), en rodajas gruesas
1 vainilla en rama, cortada en cuartos a lo largo

1 Unir las pasas de Corinto, el ron, el azúcar y el zumo y la ralladura de limón en un recipiente. Agregar las bananas (plátanos). Tapar y dejar marinar durante 30 minutos.

2 Precalentar el horno a 220° C (Indicador en 7). Dividir la mezcla y colocarla en el centro de 4 círculos de papel metalizado de 20 cm. Plegar cada círculo para formar un paquete flojo sin cerrar la parte superior. Añadir un cuarto de la vainilla en rama y un poco del líquido para marinar. Cerrar bien y hornear durante 20 minutos hasta que se hayan cocido. Servirlas en sus paquetes de papel metalizados.

INFORMACIÓN NUTRICIONAL POR PORCIÓN:

- Calorías 180
- Proteínas 2 g
- Hidratos de carbono 46 g
  Fibra 2 g
- Total de grasas 0,5 g
  Grasas saturadas 0 g
  Grasas poliinsaturadas < 0,5 g
  Grasas monoinsaturadas < 0,5 g
- Colesterol 0 mg
- Sodio 6 mg

Preparación: 30 minutos, más 30 minutos para marinar.
Porciones: 4

Pavlova de fruta de la pasión

ESTE GRAN POSTRE LIGERO PUEDE ADORNAR LA MESA DE CUALQUIER
CENA ELEGANTE. SIN EMBARGO, NO ES TAN SUCULENTO COMO PARECE.
LAS FRUTAS FRESCAS Y EL ZUMO DE NARANJA SON EXCELENTES
FUENTES DE VITAMINA C Y BETACAROTENO

3 claras de huevo
1 cucharadita de cremor tártaro o 1 cucharadita de vinagre de frambuesa
100 g de azúcar extrafina (glass)
2 cucharaditas de harina de trigo

PARA LA DECORACIÓN
pulpa de 6 frutas de la pasión
150 ml de zumo de naranja fresco
2 cucharadas de azúcar extrafina
2 cucharadas de arrurruz (tapioca),
disuelto en 2 cucharadas de zumo de naranja
30 g de mantequilla con el 50 % de grasa, sin sal
frutas frescas de estación y hojas de menta, para decorar

1 Precalentar el horno a 150° C (Indicador en 2). Revistir una placa para hornear con papel antiadherente. En un recipiente grande, batir las claras de huevo y el cremor tártaro a punto de nieve. Agregar gradualmente la mitad del azúcar sin dejar de batir; luego añadir el resto del azúcar y la harina hasta que la mezcla forme picos largos.

2 Con una cuchara, colocar la mezcla formando un círculo de 20 cm sobre la placa para horno. Hornear durante 1 hora o hasta que tome un color tostado claro. Apagar el horno y dejar enfriar el merengue.

3 Para la decoración, colocar la pulpa de la fruta de la pasión, el zumo de naranja y el azúcar en una cacerola pequeña. Llevar al punto de ebullición; luego bajar el fuego y cocer a fuego lento durante 15 minutos o hasta que se haya reducido a la mitad. Añadir la mezcla preparada de arrurruz (tapioca) y hervir durante 1 minuto o hasta que se espese. Retirar la mezcla del fuego, agregar la mantequilla y unir. Dejar enfriar.

4 Verter el baño sobre la base de merengue. Decorarla con las frutas frescas y las hojas de menta, y refrigerar antes de servir.

✳ INGREDIENTE SALUDABLE
Las frutas frescas contienen cantidades beneficiosas de vitaminas antioxidantes y fibra soluble.

INFORMACIÓN NUTRICIONAL POR PORCIÓN:
○ Calorías 120

○ Proteínas 2 g

○ Hidratos de carbono 25 g
  Fibra 1 g

○ Total de grasas 2 g
  Grasas saturadas < 1 g
  Grasas poliinsaturadas < 1 g
  Grasas monoinsaturadas 1 g

○ Colesterol 0 mg

○ Sodio 68 mg

CONSEJO PARA LA PREPARACIÓN
También puede prepararse la base de merengue de antemano y guardarla en un recipiente hermético durante algunos días antes de usarla.

Preparación: 1 hora 10 minutos, más 30 minutos para enfriar
Porciones: 6–8

PASTEL DE DURAZNO Y JENGIBRE CON MERENGUE

PUEDE USARSE CUALQUIER FRUTA ESCALFADA COMO ALTERNATIVA, SIEMPRE Y CUANDO ESTE BIEN MADURA. SERVIR EL PASTEL CALIENTE O FRÍO CON UNA CUCHARADA DE YOGUR DESCREMADO.

4 duraznos (melocotones) grandes
150 ml de vino blanco
2 cucharadas de zumo de limón y ralladura de 1 limón
1 ramita de hierba limón, pelada y en mitades
1 cucharada de miel líquida o azúcar extrafina
3 claras de huevo
1 cucharadita de vinagre de frambuesa
100 g de azúcar extrafina
40 g de jengibre, finamente picado

1 Colocar los duraznos (melocotones) en agua hirviendo durante 1 minuto. Enfriarlos, cortarlos por la mitad, retirar los corazones y pelarlos. Colocar el vino, el zumo y la ralladura de limón, la hierba limón y la miel en una cacerola inoxidable. Llevar al punto de ebullición, luego reducir el fuego, retirar la espuma y cocer durante 5 minutos.

2 Precalentar el horno a 200° C (Indicador en 6). Colocar los duraznos (melocotones) en la cacerola nuevamente y escalfarlos durante 8 minutos o hasta que estén tiernos. Con la ayuda de una espumadera, retirarlos y apartar. Colar el fondo de cocción con la ralladura de limón y la hierba limón previamente descartadas. Volver a colocar el líquido en la cacerola, luego llevar rápidamente al punto de ebullición. Hervir durante 5-6 minutos, hasta que el líquido se haya reducido y esté almibarado y brillante.

3 Batir las claras de huevo y el vinagre de frambuesa hasta que formen picos blandos (punto de nieve). Agregar la mitad del azúcar en forma gradual sin dejar de batir, luego añadir el resto del azúcar y el jengibre hasta que esté a punto de nieve.

4 Disponer los duraznos (melocotones) en una tartera de 20 cm. Verter el fondo de cocción y, sobre el mismo, la mezcla de merengue. Hornear durante 15-20 minutos, hasta que la parte superior se vea crujiente y dorada.

✳ INGREDIENTE SALUDABLE

Los melocotones (duraznos) son ricos en nutrientes, incluyendo fibra, potasio y vitamina C. Al igual que la mayoría de las otras frutas, no contienen colesterol.

INFORMACIÓN NUTRICIONAL POR PORCIÓN:

- ○ Calorías 175
- ○ Proteínas 4 g
- ○ Hidratos de carbono 41 g
  Fibra 2 g
- ○ Total de grasas < 0,5 g
  Grasas saturadas < 0,5 g
  Grasas poliinsaturadas < 0,5 g
  Grasas monoinsaturadas: 0,5 g
- ○ Colesterol 0 mg
- ○ Sodio 50 mg

CONSEJO PARA LA PREPARACIÓN

Pueden utilizarse melocotones (duraznos) enlatados en zumo natural en vez de fruta fresca.

Preparación: 45 minutos
Porciones: 4

✻ INGREDIENTE SALUDABLE

Las frambuesas poseen un alto contenido de nutrientes, como vitaminas C y E, zinc, potasio y folato.

INFORMACIÓN NUTRICIONAL POR PORCIÓN:

○ Calorías 220

○ Proteínas 4 g

○ Hidratos de carbono 48 g
   Fibra 4 g

○ Total de grasas 2 g
   Grasas saturadas < 1 g
   Grasas poliinsaturadas < 1 g
   Grasas monoinsaturadas < 1 g

○ Colesterol 0 mg

○ Sodio 15 mg

CONSEJO PARA LA PREPARACIÓN

En este postre, pueden utilizarse otras frutas, como por ejemplo ciruelas, ruibarbos o moras.

Preparación: 45 minutos
Porciones: 6

CRUJIENTE CON MANZANA Y FRAMBUESA

EN ESTA NUEVA VARIEDAD DEL CRUJIENTE TRADICIONAL, SE HORNEAN LAS MANZANAS FRESCAS Y LAS BAYAS BLANDAS DEBAJO DE UN ACOMPAÑAMIENTO CRUJIENTE DE AVENA Y MIEL. EL TOQUE FINAL LO OTORGA LA CUCHARADA DE YOGUR NATURAL DESCREMADO.

6 manzanas, peladas, sin semillas y cortadas gruesas
75 g de uva pasa
zumo de 1/2 limón
150 ml de vino blanco seco o zumo de manzana
4 clavos
4 cucharadas de miel líquida
150 g de avena desmenuzada
100 g de frambuesas
1 cucharadita de canela molida

1 Precalentar el horno a 220° C (Indicador en 7). Colocar las manzanas, las pasas, el zumo de limón, el vino, los clavos y una cucharada de la miel en una cacerola. Llevar al punto de ebullición, luego bajar el fuego y cocer a fuego lento durante 8-10 minutos o hasta que las manzanas se ablanden.

2 Retirar las manzanas con una espumadera y colocarlas en una tartera de 20 cm. Llevar el fondo de cocción al punto de ebullición, luego hervir durante 5 minutos, hasta que se haya reducido a dos tercios. Verter el líquido sobre las manzanas de la tartera.

3 En una cacerola pequeña, calentar el resto de la miel durante 2 minutos hasta que se derrita. Agregar la avena y cocinar durante otros 4-5 minutos hasta que la mezcla esté crujiente y dorada.

4 Esparcir las frambuesas por encima de las manzanas y cubrir con una capa pareja de la mezcla de avena. Rociar con canela y hornear durante 15 minutos, o hasta que se haya dorado y esté crujiente. Servir caliente o tibio.

✳ **INGREDIENTE SALUDABLE**

Los arándanos contienen importantes cantidades de fibra, vitamina C y vitaminas B. También poseen flavinoides que pueden mejorar la circulación y contribuir con las defensas del cuerpo contra infecciones.

INFORMACIÓN NUTRICIONAL POR PORCIÓN:

○ Calorías 220

○ Proteínas 3 g

○ Hidratos de carbono 42 g
  Fibra 2 g

○ Total de grasas 2 g
  Grasas saturadas 1 g
  Grasas poliinsaturadas 1 g
  Grasas monoinsaturadas 1 g

○ Colesterol 5 mg

○ Sodio 26 mg

CONSEJO PARA LA PREPARACIÓN

Los triángulos de polenta pueden prepararse el día anterior y guardarse en el refrigerador hasta que estén listos para consumirse.

Preparación: 30 minutos, más 1hora para marinar
Porciones: 4

POSTRES

FRUTAS DEL BOSQUE CON GNOCCHI DE POLENTA DULCE

ESTE POSTRE ATRACTIVO CUENTA CON FRUTAS DEL BOSQUE FRESCAS RICAS EN VITAMINAS SERVIDAS CON *GNOCCHI* DORADOS DE POLENTA Y PASAS. SE RECOMIENDA SERVIR LOS *GNOCCHI* CALIENTES.

300 g de frutas del bosque, como por ejemplo fresas,
arándanos y frambuesas
4 cucharadas de Grand Marnier o brandy
zumo de 1 naranja
azúcar extrafina, para espolvorear

PARA LOS GNOCCHI
250 ml de agua
zumo de 1 limón
3 cucharadas de azúcar extrafina (glass)
15 g de mantequilla, con 50 % de grasa, sin sal
1 cucharadita de ralladura de limón
5 cucharadas de polenta instantánea o semolina
1 cucharadita de ralladura de limón
75 g de pasas, remojadas en agua caliente
o zumo de naranja durante 20 minutos

1 Rociar las bayas con Grand Marnier y zumo de naranja, y dejar marinar durante 1 hora.

2 Revestir una placa para hornear con papel antiadherente. Para preparar los *gnocchi*, colocar el agua, el zumo de limón, el azúcar y la mantequilla en una cacerola y llevar al punto de ebullición. Reducir el fuego, agregar la polenta en forma gradual y batir. Cocinar durante 5 minutos hasta formar una pasta espesa y cremosa. Revolver de vez en cuando.

3 Retirar del fuego y agregar la ralladura de limón y las pasas. Desechar el zumo de naranja. Con una espátula humedecida, esparcir la polenta de manera de formar una capa pareja de alrededor de 1 cm de espesor sobre la placa para horno preparada. Dejar enfriar y asentar. Cortar la polenta en cuatro triángulos. Calentar una sartén plana o plancha y cocinarla a fuego medio-alto durante 1-2 minutos de cada lado, hasta que se dore.

4 Pasar las frutas del bosque con su marinada a 4 platos y servir con los *gnocchi* de polenta. Decorar con azúcar extrafina.

✴ INGREDIENTE SALUDABLE

Los ananás (piñas) contienen cantidades útiles de magnesio, zinc y fibra, al igual que antioxidantes, que pueden neutralizar el daño celular causado por los radicales libres.

INFORMACIÓN NUTRICIONAL POR PORCIÓN:

- ○ Calorías 255
- ○ Proteínas 2 g
- ○ Hidratos de carbono 65 g
  Fibra 4 g
- ○ Total de grasas 1 g
  Grasas saturadas 0 g
  Grasas poliinsaturadas 1 g
  Grasas monoinsaturadas 1 g
- ○ Colesterol 0 mg
- ○ Sodio 11 mg

CONSEJO PARA LA PREPARACIÓN

Puede usarse fruta enlatada en lugar de fruta fresca, pero se recomienda escoger un producto conservado en zumo natural y no en almíbar.

Preparación: 40 minutos más 1 hora para enfriar
Porciones: 4

ANANÁ CARAMELIZADO

NUMEROSOS ESTUDIOS DEMUESTRAN QUE LA BROMELAÍNA, ENZIMA QUE SE ENCUENTRA EN LOS ANANÁS (PIÑAS), FAVORECE LA DIGESTIÓN. ESTE POSTRE SENCILLO ES LA FORMA PERFECTA PARA FINALIZAR UNA COMIDA Y RESULTA DELICIOSO CON UNA CUCHARADA DE QUESO FRESCO CON BAJO CONTENIDO DE GRASA.

2 ananás (piñas), pelados y sin el centro
4 cucharadas de ron o kirsch
2 cucharadas de vino blanco dulce, agua o zumo de frutas
1 vainilla en rama, cortada por la mitad a lo largo (retirar las semillas)
100 g de azúcar extrafina
1 cucharada de maranta o harina de trigo, disuelta en 2 cucharadas de vino, agua o zumo de frutas
30 g de jengibre, finamente picado
100 g de frutillas (fresas), frambuesas o arándanos, para decorar

1 Cortar uno de los ananás (piñas) en 8 aros, luego colocarlos en un recipiente playo. Verter 2 cucharadas de ron y dar vuelta la fruta en el líquido. Cubrir y dejar marinar durante 30 minutos.

2 Cortar el otro ananá (piña). Colocar la fruta en una cacerola inoxidable. Añadir el vino, la vainilla en rama y las semillas y 75 g de azúcar, luego revolver bien. Llevar al punto de ebullición, bajar el fuego y cocer a fuego lento durante 20 minutos o hasta que se ablande.

3 Retirar la vainilla en rama, luego licuar el ananá (piña) cocido durante 1-2 minutos hasta lograr una preparación homogénea. Volver a colocar en la cacerola con la vainilla en rama y llevar a ebullición. Reducir el fuego, luego revolver la mezcla de maranta. Cocer a fuego lento durante otros 1-2 minutos hasta que la salsa de ananá (piña) se haya espesado. Revolver de tanto en tanto y dejar enfriar. Agregar el jengibre y el resto del ron. Tapar y refrigerar durante 1 hora.

4 Revestir la parrilla con papel metalizado y calentarla a fuego fuerte. Colocar los aros de ananá (piña) marinados sobre la parrilla. Espolvorear con el resto del azúcar y cocinar durante 4-5 minutos de cada lado o hasta acaramelar. Disponer los aros en 4 platos, añadir la marinada y la salsa por encima y decorar cada porción con las frutas del bosque.

INFORMACIÓN NUTRICIONAL POR PORCIÓN:

○ Calorías 235

○ Proteínas 3 g

○ Hidratos de carbono 42 g
Fibra 1 g

○ Total de grasas 7 g
Grasas saturadas 4 g
Grasas poliinsaturadas 1 g
Grasas monoinsaturadas 2 g

○ Colesterol 2 mg

○ Sodio 48 mg

CONSEJO PARA LA PREPARACIÓN

Es importante usar chocolate negro de la mejor calidad posible. Debe contener, por lo menos, 70 % de sólidos de cacao.

Preparación: 20 minutos más 2 horas para enfriar
Porciones: 4

MOUSSE DE CHOCOLATE

SE TRATA DE UN MANJAR ESPECIAL "DE UNA VEZ POR MES". SE RECOMIENDA UTILIZAR EL MEJOR CHOCOLATE POSIBLE.

100 g de chocolate negro (con al menos 70 % de cacao), en trozos
3 claras de huevo
1/2 cucharadita de vinagre de frambuesa
100 g de azúcar extrafina
ralladura de 1 naranja
fresas o frambuesas, para decorar

1 Colocar el chocolate en un recipiente térmico sobre una cacerola de agua hirviendo. Calentarlo hasta que se derrita. Dar vueltas de tanto en tanto.

2 Colocar las claras de huevo, el vinagre de frambuesa y el azúcar en un recipiente térmico sobre una cacerola de agua apenas hirviendo. Batir la mezcla, si es posible con una batidora eléctrica o manual, durante 5-8 minutos, hasta que espese.

3 Retirar la mezcla de las claras de huevo del fuego, luego agregar el chocolate derretido, asegurándose de unir bien toda la preparación. Verter la mezcla en 4 recipientes individuales. Dejar enfriar, luego refrigerar durante al menos 2 horas. Decorar con fresas y servir.

BUDÍN DE ARROZ CARAMELIZADO

INFORMACIÓN NUTRICIONAL POR PORCIÓN:

○ Calorías 305

○ Proteínas 4 g

○ Hidratos de carbono 69 g
Fibra 1 g

○ Total de grasas 2 g
Grasas saturadas 1 g
Grasas poliinsaturadas 1 g
Grasas monoinsaturadas 1 g

○ Colesterol 0,5 mg

○ Sodio 37 mg

Preparación: 30 minutos
Porciones: 4

4 cucharadas de azúcar extrafina
1 cucharada de zumo de limón
575 ml de agua
200 g de arroz de grano largo
1 cucharadita de ralladura de limón

15 g de mantequilla, con 50 % de grasa, sin sal
1/2 cucharadita de hebras de azafrán, en remojo en un poco de agua tibia
75 g de uvas pasas

1 Colocar el azúcar, el zumo de limón y 3 cucharadas de agua en una cacerola. Cocinar a fuego fuerte durante 5-6 minutos, hasta que el líquido comience a caramelizarse. Retirar del fuego y agregar el arroz y la mantequilla.

2 Añadir el resto del agua, el azafrán y su agua y las pasas. Llevar a ebullición, luego reducir el fuego. Cubrir y cocer a fuego lento durante alrededor de 20 minutos hasta que se haya consumido el líquido y el arroz esté tierno. Agregar la ralladura de limón y servir.

SALSA CHINA CON BAJO CONTENIDO GRASO

ESTA SALSA PICANTE Y A LA VEZ AGRIDULCE ES IDEAL PARA REMOJAR TOFU ASADO, VERDURAS CRUDAS O COCIDAS O BROCHETAS. TAMBIÉN RESULTA DELICIOSA VERTIDA SOBRE CARNE O PESCADO A LA PARRILLA.

1 cucharada de salsa de soja reducida en sal
4 cucharadas de vinagre de arroz o vinagre de vino blanco
1 diente de ajo, finamente picado
1 zanahoria pequeña, finamente rallada
1 trozo de jengibre fresco de 1 cm, finamente rallado
1 cucharada de azúcar extrafina
1 chile picante colorado pequeño, sin semillas y picado
o 1/4 cucharadita de chile molido
100 ml de zumo de naranja
1 cucharadita de harina de trigo
1 cebollita, finamente picada

★ INGREDIENTE SALUDABLE

Las cebollitas contienen alicina, que puede contribuir a controlar los niveles de colesterol, incluso después de una comida con alto contenido de grasas.

INFORMACIÓN NUTRICIONAL DE TODA LA RECETA:

- Calorías 60
- Proteínas 1 g
- Hidratos de carbono 13 g
  Fibra 1 g
- Total de grasas 0,5 g
  Grasas saturadas 0,5 g
  Grasas poliinsaturadas 0,5 g
  Grasas monoinsaturadas 0,5 g
- Colesterol 0 mg
- Sodio 226 mg

CONSEJO PARA LA PREPARACIÓN

Esta salsa puede guardarse en un recipiente hermético en el refrigerador hasta 3 días.

Preparación: 15 minutos
Rendimiento: 150 ml

1 Colocar la salsa de soja, el vinagre de arroz, el ajo, la zanahoria, el jengibre, el azúcar y el chile picante en una cacerola pequeña, inoxidable. Añadir el zumo de naranja. Reservar 1 cucharada. Hacer hervir, bajar el fuego y calentar durante 5 minutos o hasta que se espese ligeramente.

2 Mezclar la harina de trigo y el zumo de naranja reservado e incorporarlo. Hervir la mezcla una vez más y cocinar, sin dejar de revolver, hasta que la salsa esté lo suficientemente espesa.

3 Añadir la cebollita desmenuzada y retirar del fuego. Servir caliente o a temperatura ambiente.

ALIMENTOS BÁSICOS

Esta selección de recetas incluye ideas simples para salsas, aderezos, caldos y acompañamientos que ayudan a transformar el plato más común en una comida de gourmet y, además, poseen bajo contenido de grasas, colesterol y sal.

CONSEJO PARA LA PREPARACIÓN

Para intensificar el sabor del caldo, incluir 1 salmonete pequeño, mientras que para un sabor más delicado, usar solo espinazos de pescado.

Preparación: 45 minutos
Rendimiento: 1,5 litros

CONSEJO PARA LA PREPARACIÓN

Una manzana picada agrega un delicioso sabor dulce a este caldo. Además, 75 g de *okra* o 2 cucharadas de cebada remojada pueden dar más consistencia al caldo y otorgarle una suavidad de terciopelo.

Preparación: 45 minutos
Rendimiento: 1,5 litros

CALDO DE PESCADO

1 kg de espinazos de pescado, con sus cabezas y recortes
250 ml de vino blanco seco
1,5 litros de agua
2 puerros, solo la parte blanca, en rodajas finas
1 zanahoria, picada
1 tallo de apio, cortado
ramillete de hierbas, formado por 2 ramitas de tomillo, 2 trozos de hojas verdes de puerro, 2 ramitas de perejil, 1 ramito de hojas de apio y 1 hoja de laurel
10 granos de pimienta
2-3 rodajas gruesas de limón

1 Lavar bien los espinazos, las cabezas y los recortes de pescado en abundante agua fría y escurrir bien. Colocar en una cacerola grande y agregar el vino y el agua. Hervir e ir retirando la espuma.

2 Añadir las verduras, el ramillete de hierbas, los granos de pimienta y el limón. Hervir una vez más, luego bajar el fuego y calentar a fuego lento durante 30 minutos. Quitar la espuma de la superficie con frecuencia.

3 Pasar por un colador recubierto por una capa triple de muselina húmeda y desechar los sólidos. Dejar enfriar.

CALDO DE VERDURA

SE RECOMIENDA PROBAR DIFERENTES TIPOS

DE VERDURAS, HIERBAS Y ESPECIAS.

1 cebolla grande, cortada en aros
100 g de zanahoria, en rodajas
3 dientes de ajo
100 g de calabaza, pelada, sin semillas y en cubos
3 tallos de apio
1 tomate maduro grande, en cuartos
ramillete de hierbas compuesto por 4 ramitas de perejil, 4 ramitas de cilantro, 2 ramitas de tomillo y 2 tiras de ralladura de limón
1,5 litros de agua

Colocar todos los ingredientes en una cacerola grande. Hervir, bajar el fuego y cocinar a fuego lento durante 30 minutos. Pasar por un colador recubierto por una capa de muselina húmeda y desechar los sólidos. Dejar enfriar.

CALDO DE POLLO

LOS CALDOS CONDENSADOS EN CUBOS CONTIENEN SAL AÑADIDA Y
GRASAS QUE PUEDEN EVITARSE SI SE PREPARA EL CALDO EN FORMA
CASERA. UN CALDO DE ESTE TIPO LE DA UNA TEXTURA NATURAL A
SOPAS Y GUISOS, Y AL REDUCIRSE, PUEDE EMPLEARSE COMO
CONDIMENTO EN LUGAR DE ACEITE.

1,5-2 kg de huesos de pollo, o 1 pollo troceado
1 puerro, en rodajas
1 cebolla, con cáscara y en cuartos
4 zanahorias, picadas gruesas
2 tallos de apio, picados gruesos
ramillete de hierbas compuesto por 3 ramitas de tomillo, unas hojas de apio,
1 hoja de laurel y 2-3 tiras de ralladura de limón
4 clavos (opcional)
1 cucharadita de granos de pimienta (opcional)
100 g de setas (hongos) frescas o 5 g de silvestres desecadas,
tales como las porcini (opcional)

❶ Lavar bien los huesos de pollo con varios cambios de agua.
Colocar los huesos en una cacerola grande y cubrir con agua. Hervir
lentamente, luego bajar el fuego y cocinar a fuego lento durante unos
30 minutos. Quitar la espuma cuando sea necesario.

❷ Agregar las verduras, el ramillete de hierbas, los clavos y los
granos de pimienta. Continuar con la cocción durante 1 y 1/2-2
horas, hasta que el líquido se haya reducido una cuarta parte. Dejar
enfriar un poco.

❸ Pasar por un colador recubierto con una capa doble de muselina
húmeda y desechar los sólidos. Dejar enfriar el caldo. Guardar en el
refrigerador hasta 3 días. Desgrasarlo.

✱ INGREDIENTE SALUDABLE
Las zanahorias proporcionan
cantidades ricas de betacaroteno
y vitamina C que, según se ha
demostrado, reducen los niveles
de colesterol en sangre.

**CONSEJO PARA LA
PREPARACIÓN**
Probar con diferentes
condimentos, como chalotas,
jengibre fresco y apio.

Preparación: 2 horas, 45
minutos
Rendimiento: 1,5 litros

✱ INGREDIENTE SALUDABLE
Los tomates son una buena
fuente de quercetina flavinoide
que, se ha demostrado, reduce
el riesgo de contraer
enfermedades cardíacas y de
sufrir infartos.

INFORMACIÓN NUTRICIONAL:

- Calorías 380
- Proteínas 8 g
- Hidratos de carbono 48 g
  Fibra 12 g
- Total de grasas 20 g
  Grasas saturadas 4 g
  Grasas poliinsaturadas 4 g
  Grasas monoinsaturadas 12 g
- Colesterol 0 mg
- Sodio 96 mg

**CONSEJOS PARA LA
PREPARACIÓN**
Esta salsa puede prepararse con
anticipación. Conservar en el
refrigerador, tapada, hasta 3
días.

Preparación: 1 hora, 15
minutos
Rendimiento: 500 ml

SALSA DE TOMATE

ESTA SALSA SIMPLE Y FRESCA CONTIENE UNA COMBINACIÓN DE
TOMATE, AJO Y CEBOLLAS BENEFICIOSA PARA LA NUTRICIÓN. RESULTA
DELICIOSA SI SE LA VIERTE SOBRE PASTAS O ARROZ O SI SE LA SIRVE
COMO ACOMPAÑAMIENTO PARA PESCADOS O CARNES.

2 cebollas, picadas
3 dientes de ajo, picados
4 cucharadas de agua
1 kg de tomates, cortados en trozos grandes
1 cucharadita de azúcar extrafina (opcional)
*ramillete de hierbas, compuesto por unas hojas de apio, perejil, orégano,
1 hoja de laurel y 1 tira de ralladura de limón (opcional)*
1 cucharada de aceite de oliva (opcional)
sal, a gusto

1 Colocar las cebollas y el ajo en una cacerola de fondo termodifusor.
Añadir el agua y cocinar a fuego lento durante 5 minutos o hasta que el
agua se haya consumido y la cebolla esté blanda. Revolver con
frecuencia.

2 Agregar los tomates, el azúcar, en caso de emplearla, y el ramillete
de hierbas. Cocinar a fuego muy lento, parcialmente tapado, durante 1
hora, o hasta que la salsa se haya espesado. Incorporar el aceite, en
caso de usarlo, y condimentar. Luego, cocinar a fuego lento durante
unos minutos más. Colar la salsa para quitar el ramillete de hierbas y
la cáscara y semillas de tomate.

VARIANTES
Salsa de tomate picante Agregar 1-2 chiles picantes colorados, sin
semillas y picados o 1/2 cucharadita de chile molido con las cebolla en
el paso 1 anterior.

Salsa de tomate e hinojo Para preparar una salsa de tomate para servir
con pescado, añadir 1 bulbo de hinojo pequeño, finamente picado, con
las cebollas en el paso 1 anterior.

Salsa de tomate oriental Añadir un trozo de jengibre de 2,5 cm,
finamente picado y 2 granos de anís estrellado con las cebollas, en el
paso 1 anterior.

SALSA BLANCA SIN GRASAS

2 cucharadas de harina de trigo

500 ml de leche descremada (desnatada)

un trozo de 1 cm de jengibre fresco, rallado

50 g de chalotas, finamente picadas

1 diente de ajo, finamente picado (opcional)

2 cucharadas de zumo de lima o limón

1 chile picante rojo sin semillas y finamente picado (opcional)

sal y pimienta negra recién molida, a gusto

una pizca de nuez moscada recién rallada, para decorar

1 Mezclar la harina de trigo con dos cucharadas de la leche. Calentar el agua restante en una cacerola. Añadir la mezcla de harina de trigo. Hervir y cocinar durante 1 minuto sin dejar de revolver.

2 Agregar el jengibre, las chalotas, el ajo, el zumo de limón, y el chile picante, en caso de emplearse. Bajar el fuego y cocinar a fuego lento durante unos 15 minutos o hasta que la salsa esté lo suficientemente espesa como para adherirse a la parte posterior de la cuchara. Revolver con frecuencia. Luego, condimentar. Servir la salsa de inmediato con una pizca de nuez moscada o, si se desea una salsa cremosa, colar y recalentar.

UNTABLE PARA SÁNDWICHES CON BAJO CONTENIDO GRASO

PARA OBTENER UN ALIMENTO UNTABLE CON UN CONTENIDO GRASO

AÚN MENOR, NO USAR EL ACEITE DE OLIVA.

250 g de queso untable

1 cucharada de aceite de oliva

1 cebolla pequeña, finamente rallada

1 cucharadita de páprika dulce

1/4 cucharadita de chile molido picante

1-2 cucharadas de perejil fresco picado (opcional)

1/2 cucharada de semillas de alcaravea (opcional)

sal y pimienta negra recién molida, a gusto

Batir el queso con el aceite de oliva en un recipiente. Añadir los ingredientes restantes y el condimento, y batir bien hasta unir.

INFORMACIÓN NUTRICIONAL:

○ Calorías 280

○ Proteínas 16 g

○ Hidratos de carbono 56 g
Fibra 2 g

○ Total de grasas 3 g
Grasas saturadas 1 g
Grasas poliinsaturadas 1 g
Grasas monoinsaturadas 1 g

○ Colesterol 20 mg

○ Sodio 240 mg

Preparación: 25 minutos
Rendimiento : 500 ml

INFORMACIÓN NUTRICIONAL POR CUCHARADA:

○ Calorías 15

○ Proteínas 2 g

○ Hidratos de carbono 1 g
Fibra 0 g

○ Total de grasas 1 g
Grasas saturadas 0,5 g
Grasas poliinsaturadas 0,5 g
Grasas monoinsaturadas 0,5 g

○ Colesterol 0 mg

○ Sodio 6 mg

CONSEJO PARA LA PREPARACIÓN
Puede conservarse, previamente tapado, en el refrigerador hasta 1 semana.

Preparación: 5 minutos
Rendimiento: 275 g

ADEREZO FRUTAL PARA ENSALADA

ESTE ADEREZO ES RICO EN VITAMINA C Y BETACAROTENO. PUEDE SERVIRSE FRÍO COMO ADEREZO PARA ENSALADA, O CALIENTE COMO GUARNICIÓN CON PESCADO O POLLO GRATINADO. EL ACEITE DE SÉSAMO LE DA UN SABOR A NUECES EXCEPCIONAL.

250 ml de zumo de naranja o ananá (piña)
1 trozo de 1 cm de jengibre fresco, rallado
1 cucharadita de polvo de mostaza inglesa
1 cucharada de aceite de sésamo oscuro o aceite de oliva virgen
sal y pimienta negra recién molida, a gusto

1 Colocar el zumo de naranja, el zumo de limón y el jengibre en una cacerola pequeña inoxidable. Llevar al punto de ebullición y retirar la espuma. Hacer hervir la mezcla durante alrededor de 5-8 minutos, o hasta que esté brillante y almibarada.

2 Retirar del fuego, luego agregar la mostaza, el aceite y el condimento y batir.

SALSA DE MANGO

ESTA SALSA FRUTAL, DELICIOSA Y CASI SIN GRASAS, OTORGA UN COLOR INTENSO Y UN SABOR PICANTE A ENSALADAS, CARNES O PESCADOS.

1 mango pequeño, maduro, pelado, sin corazón y picado
zumo de 2 limas o 1 limón
1 cucharada de mostaza Dijon o inglesa
1 cucharadita de ralladura de lima o limón
1 chile picante pequeño, sin semillas y finamente picado (opcional)
2 cucharadas de cebollinos frescos picados
sal y pimienta negra recién molida, a gusto

Colocar la pulpa del mango y el zumo de lima en una licuadora y procesar hasta que se forme una mezcla homogénea. (Si el mango es demasiado "fibroso", pasarlo por un cedazo de malla fina). Añadir el resto de los ingredientes y condimentos, luego mezclar bien.

✶ INGREDIENTE SALUDABLE
El aceite de sésamo contiene fitosteroles, compuestos que diminuyen los niveles de colesterol en sangre.

INFORMACIÓN NUTRICIONAL POR CUCHARADA:
- Calorías 10
- Proteínas <0.5 g
- Hidratos de carbono 1 g
  Fibra 0 g
- Total de grasas < 1 g
  Grasas saturadas < 1 g
  Grasas poliinsaturadas < 1 g
  Grasas monoinsaturadas < 1 g
- Colesterol 0 mg
- Sodio 1 mg

Preparación: 15 minutos
Rendimiento: 125 ml

INFORMACIÓN NUTRICIONAL POR CUCHARADA:
- Calorías 10
- Proteínas < 0,5 g
- Hidratos de carbono 2 g
  Fibra < 0,5 g
- Total de grasas < 0,5 g
  Grasas saturadas < 0,5 g
  Grasas poliinsaturadas < 0,5 g
  Grasas monoinsaturadas < 0,5 g
- Colesterol 0 mg
- Sodio 28 mg

Preparación: 10 minutos
Rendimiento: 250 ml

A pesar de poseer un bajo contenido en grasas, la leche descremada (desnatada) contiene cantidades útiles de proteína, calcio, potasio, zinc, magnesio, folato y vitamina C.

INFORMACIÓN NUTRICIONAL POR CUCHARADA:

○ Calorías: 22

○ Proteínas: 1 g

○ Hidratos de carbono: 3 g
  Fibra: 0 g

○ Total de grasas < 1 g
  Grasas saturadas < 0,5 g
  Grasas poliinsaturadas < 0,5 g
  Grasas monoinsaturadas < 0,5 g

○ Colesterol 21 mg

○ Sodio 11 mg

CONSEJO PARA LA PREPARACIÓN
Esta crema para ensaladas puede conservarse hasta una semana si se la guarda tapada en el refrigerador.

Preparación: 15 minutos
Rendimiento: 350 ml

CREMA PARA ENSALADAS CASI SIN GRASAS

ESTA CREMA PARA ENSALADAS SUAVE Y APENAS PICANTE RESULTA MUY SABROSA, PERO POSEE UNA CANTIDAD DE GRASA MUCHO MENOR QUE LA DE MUCHOS PRODUCTOS COMERCIALES SIMILARES.

2 yemas de huevo
1 cucharada de polvo de mostaza inglesa
2 cucharadas de harina de trigo
1 cucharada de azúcar extrafina
1/2 cucharadita de salsa picante tipo Tabasco
250 ml de leche descremada (desnatada)
100 ml de vinagre de sidra o de vino blanco
sal, a gusto

1 Batir las yemas de huevo, la mostaza, la harina de trigo, el azúcar y la salsa picante en un recipiente térmico. Agregar la leche en forma gradual.

2 Colocar el recipiente en una cacerola de agua hirviendo. Cocinar, revolver de tanto en tanto, durante 5-8 minutos, hasta que la salsa comience a espesarse. Añadir el vinagre y los condimentos, luego continuar la cocción durante 3-4 minutos, hasta que esté homogéneo y cremoso.

VARIANTES

Crema para ensaladas de hierbas frescas Agregar 3-4 cucharadas de hierbas mixtas frescas picadas al finalizar el tiempo de cocción, en el paso 2.

Crema para ensaladas de tomate picante Añadir 2 cucharadas de puré de tomate, un diente de ajo triturado y 1/2 cucharadita de chile molido picante junto con el vinagre en el paso 2.

ÍNDICE

Los números de página seguidos de un asterisco (*) indican ingredientes saludables.

INFORMACIÓN NUTRICIONAL

● Los análisis nutricionales que acompañan las recetas son aproximados. Están basados en los datos provenientes de las tablas de composición de los alimentos, con información adicional acerca de productos manufacturados, y no en el análisis directo de los platos ya preparados.

● En algunos casos, las cifras correspondientes a las grasas saturadas e insaturadas no coinciden con la cifra del total de grasas. Esto se debe a que el total de grasas incluye otros compuestos de ácidos grasos y no grasos.

● El símbolo "< 1 g" en los análisis nutricionales de las recetas indica que hay menos de 1 gramo de ese nutriente en particular.

● Todas las recetas han sido analizadas sin agregados de sal, salvo que se indique lo contrario en la receta.

● Los ingredientes que se describen como "opcionales" no están incluidos en los análisis nutricionales.

AGRADECIMIENTOS

Agradecimientos del autor: Me gustaría dedicar este libro a Saúl, el mejor catador y lavador de platos (y paciente cardíaco). También hago extensivo mi agradecimiento a todo el equipo: Nicola Graimes, Sue Storey, Jane Suthering, Ian O'Leary, Emma Brogli y Alison Austin, quienes hicieron que fuera tan agradable y divertido escribir este libro.

La **Editorial** desea agradecrer a Jasmine Challis por los analisis de nutrición en las recetas, a Sue Bosanko, Janice Anderson, Stephanie Farrow y Jude Garlick por la edición.